Germany) Goethe-Gymnasium (Frankfurt am Main

Programm des Goethe-Gymnasiums in Frankfurt a. M.

1807

Germany) Goethe-Gymnasium (Frankfurt am Main

Programm des Goethe-Gymnasiums in Frankfurt a. M.

1807

ISBN/EAN: 9783741102165

Hergestellt in Europa, USA, Kanada, Australien, Japan

Cover: Foto ©Thomas Meinert / pixelio.de

Manufactured and distributed by brebook publishing software
(www.brebook.com)

Germany) Goethe-Gymnasium (Frankfurt am Main

Programm des Goethe-Gymnasiums in Frankfurt a. M.

Programm

des

Goethe-Gymnasiums

in

Frankfurt a. M.

Inhalt:

Frankfurt a. M.

Druck von Gebrüder Knauer

1897. Progr. No. 401.

Die Eröffnung des Goethe-Gymnasiums.

In der Festschrift,[*]) die das Lehrerkollegium zur Einweihung des Goethe-Gymnasiums herausgegeben hat, sind die Gründe dargelegt worden, die zur Trennung des alten städtischen Gymnasiums in zwei selbständige Anstalten und zur Errichtung des neuen Gebäudes geführt haben. Am 7. Januar wurde das Haus seiner Bestimmung übergeben. Auf die ausdrückliche Weisung der zuständigen Behörden mußten sich die Einladungen zur Einweihungsfeier in den Grenzen halten, die bei der Eröffnung neuer Schulgebäude in Frankfurt bisher üblich waren. Die städtischen Behörden haben hierbei den Standpunkt betonen wollen; daß es sich bei der Einweihung des Goethe-Gymnasiums nicht um die Gründung einer neuen Schule, sondern um die Übersiedelung einer bestehenden Schule in ein neues Gebäude handelt. ,.

Gegen 11 Uhr versammelten sich in der festlich geschmückten Aula die Mitglieder des Kuratoriums, des Magistrates und der Stadtverordneten-Versammlung, die Vertreter der hiesigen Schulen, das Lehrerkollegium des Lessing-Gymnasiums, sämtliche Schüler, und ein Teil der Eltern. Leider machte es die Beschränktheit des Raumes unmöglich, allen Eltern eine Einladung zukommen zu lassen.

Seine Exzellenz der Herr Oberpräsident Magdeburg, der mit dem Herrn Geheimen Regierungs- und Provinzialschulrat Dr. Lahmeyer der Feier die Ehre seiner Gegenwart schenkte, und der Herr Oberbürgermeister Adickes mit den Spitzen der städtischen Behörden wurden vom Direktor und dem Lehrerkollegium am Eingang zur Aula empfangen und in die Festversammlung geleitet. Nachdem der Chor die Hymne von Gluck: „Steig' aus deinen Himmelshöhen" vorgetragen hatte, ergriff Herr Oberbürgermeister Adickes das Wort, um etwa Folgendes auszuführen:

„Wenn eine Familie aus kleinen, eng beschränkten Räumen in ein neues Heim übersiedelt, so freuen sich nicht allein die Familienangehörigen, es freuen sich mit ihnen alle ·

---

[*]) „Festschrift zu der am 7. Januar 1897 stattfindenden Einweihung des Goethe-Gymnasiums in Frankfurt a. M." (Frankfurt a. M., Verlag von Gebrüder Knauer.) Der Inhalt derselben ist: Goethe-Gymnasium. Vom Direktor Dr. Karl Reinhardt. — Amos Comenius und das Goethe-Gymnasium. Vom Direktor Dr. Karl Reinhardt. — Ein Beitrag zur Geschichte des Gymnasiums und zur Frankfurter Gelehrtengeschichte. Von Dr. Otto Liermann. — Frankfurt und die Städte am Mittelrhein zur Zeit des Interregnums. Von Dr. Richard Schwemer. — Studien zur Geschichte des Philhellenismus in der französischen Litteratur. Von Dr. Julius Ziehen. — Introduction du génie classique dans la poésie française par Ronsard. Von Dr. Max Banner. — Zwei elementare Berechnungen der gewöhnlichen Logarithmen. Von Dr. Karl Bopp. — Beiträge zur Rekonstruktion von Plinius libri dubii sermonis. Von Dr. Felix Bölte. — Des En d'identité semitische Werkonit und bibelsprachliche Entwickelung. Von Professor G. H. Hauschild.

1*

4

Bekannte und Freunde. Ähnlich geht es auch uns heute. Nicht nur die Lehrer und Schüler der Anstalt sind hoch erfreut über ihr neues prächtiges Heim, sondern eine große Zahl von Freunden teilt ihre Freude, und zu unserer ganz besonderen Genugtuung dürfen wir Seine Exzellenz den Herrn Oberpräsidenten und den Provinzial-Schulrat Herrn Geheimrat Lahmeyer unter uns begrüßen. Auch für das Kuratorium und die städtischen Behörden gilt dieser Tag als ein Festtag, denn sie blicken heute auf den Abschluß langjähriger Mühewaltung zurück. Zunächst war die Trennung des städtischen Gymnasiums in zwei Anstalten zu erledigen, und dann forderte die Wahl des Bauplatzes eingehende Erwägungen. Anfänglich schien der jetzt gewählte ungeeignet, man hielt ihn für zu weit entlegen vom Mittelpunkte der Stadt. Doch ist dies Bedenken geschwunden vor den großen Vorteilen, die er bot. Die Anstalt liegt hier frei und offen, in gesundester Luft, in schönster Lage; die blauen Berge des Taunus schauen freundlich zu ihr herüber und scheinen zu winken und einzuladen zu frischer Bethätigung, zu frohem Wandern in Gottes Natur. Die Straße, an der sie liegt, verspricht eine der schönsten der Stadt zu werden und eine der regsten Verbindungslinien im städtischen Verkehr. Die Einteilung des Bauplatzes wurde so gestaltet, dass die eigentlichen Schulräume nach dem Schulhofe zu gelegt werden mußten; so entstand ein doppelter Vorteil: die Lehrzimmer sind der Einwirkung des lärmenden Straßenverkehrs entzogen, und es wurde Gelegenheit zur Entwicklung einer prächtigen Façade gewonnen. Durch ein Preisausschreiben wurde die Auswahl aus einer großen Zahl von bedeutenden Entwürfen ermöglicht. Herr Bauinspektor Frobenius ist als Sieger aus dieser Konkurrenz hervorgegangen. Ihm gelten unsere Glückwünsche und unser Dank; wir danken zugleich auch allen denen, die ihm hilfreich zur Seite gestanden haben.

Unser Zeitalter wird mit Recht ein kritisches genannt. Alle Grundlagen des Lebens werden täglich auf ihre Berechtigung geprüft, und was davon seine Berechtigung nicht beweisen kann, muß verschwinden. Auch die ehrwürdige Institution des humanistischen Gymnasiums muß sich dieser Forderung beugen. Es muß zeigen, daß es trotz allen Anfeindungen und modernen Einwänden lebenskräftig ist und zu gedeihen vermag. Ein Haupteinwand und ein, wie uns scheint, berechtigtes Bedenken ist, daß es mit seinen Einrichtungen sich nicht einfügt in das gesamte Schulwesen, wie es sich auf Grund der modernen Lebensbedürfnisse neben ihm entwickelt hat. Nun, wir freuen uns, daß in dieser Anstalt ein neuer Weg beschritten worden ist zu einem Versuche, der diese Bedenken verschwinden lassen soll, ohne daß etwas von den idealen Gütern verloren geht, und wir hegen das vollste Vertrauen, daß dieser Versuch gelingen wird. Damit verbinden wir die Bitte an den verehrten Herrn Oberpräsidenten, diesem Versuche auch fernerhin ein geneigtes Wohlwollen entgegenzubringen, damit unser Ziel erreicht werde.

Sicherlich ist die Stellung der Schule eine schwierige gegenüber den mannigfachen Anforderungen und Anfeindungen des modernen Lebens. Es ist eine schwere Aufgabe, die jungen Gemüter in einer Zeit wie der unserigen zu sammeln im Blick auf ein Ziel: Menschen zu bilden und Deutsche zu bilden! In Folge der politischen Verhältnisse gibt es bei uns mehr als sonstwo jene problematischen Naturen, die, stark in Kritik und eifrig im Bemängeln, keiner Lage gewachsen sind und sich keiner Lage zu adaptieren vermögen. Die Bildung jener problematischen Naturen zu verhindern, ist die Hauptaufgabe der Schule. Wir sind zwar weit davon entfernt, hier an eine Allheilkraft der Schule zu glauben, glücklicherweise sind noch andere mächtige Einflüsse in diesem Sinne vorhanden, allein die Schule vermag dennoch den Keim zu säen, der sich unter jenen entwickeln soll. Deshalb sind unsere Wünsche für die Schule und die Jugend um so herzlicher und inniger. Sie, verehrter Herr Direktor, werden vielleicht manches Mal zurückdenken, an jene engeren, bescheideneren Räume, die Sie soeben verlassen haben; Sie werden auch vielleicht manches Mal zurückdenken an den größeren und umfangreicheren Wirkungskreis, den Sie zu Gunsten eines kleineren aufgegeben haben, allein Sie haben ihm gerne entsagt, um in dem kleineren Kreise desto vertiefterer Arbeit sich zu unterziehen. Möge der alte gute Geist auch im neuen Hause walten, möge das Goethe-Gymnasium in edlem Wettstreit mit der Schwesteranstalt, dem Lessing-Gymnasium, helfen Männer heranzubilden, denen keine Lage zu schwer ist und die sich in allen Lagen zurechtfinden, die erfüllt sind von den Idealen des deutschen Lebens und dem Hochgefühle, der deutschen Nation anzugehören, und die zum Gedeihen des Vaterlandes ihr Tagewerk vollbringen. Das walte Gott!"

Nachdem der Herr Oberbürgermeister geendet, nahm Seine Exzellenz der Herr Oberpräsident das Wort: Es sei ihm zunächst Bedürfnis, seiner Freude und seinem Danke dafür Ausdruck zu geben, daß die städtischen Behörden mit solcher Fürsorge das höhere wie das gesamte Schulwesen dieser Stadt förderten. Dies herrliche Gebäude sei ein neuer Beweis der Opferwilligkeit und werktätigen Teilnahme der Stadt an der wichtigen Arbeit der Jugenderziehung. Sodann wandte er sich an den Direktor und das Lehrerkollegium und sprach die Anerkennung der Staatsregierung für die bisherigen Leistungen der Schule aus, insbesondere auch im Hinblick auf den Versuch der Neugestaltung des Lehrplans, der hier unternommen werde. Daher habe Seine Majestät unser Kaiser, König und Herr geruht, zur Erhöhung der Feier dieser Stunde den Rothen Adler-Orden vierter Klasse dem Direktor zu verleihen. Die Überreichung des Ordens begleitete Seine Exzellenz mit dem Wunsche, dem er einen herzlichen Ausdruck gab, daß die Bestrebungen, die in dieser Schule verfolgt werden, auch weiterhin segensreich wirken mögen.

Herr Geheime Regierungsrath Dr. Lahmeyer brachte sodann der Schule und dem Direktor seine Glückwünsche dar. Er freue sich, so führte er aus, daß durch die Trennung der beiden Anstalten dem Direktor ermöglicht sei, seine Kraft ungeteilt den Arbeiten zu widmen, die die Durchführung des Frankfurter Lehrplans erfordert. Wenn auch der Erfolg dieses Unternehmens noch in der Zukunft liege, so sei doch schon das Vornehmen eines solchen Versuches wichtig und bedeutungsvoll. Er wünsche dem Goethe-Gymnasium von Herzen, daß es in diesem stolzen, schönen Gebäude neue Förderung finden und sein Ziel erreichen möge. Zwar sei ein kleines, bescheidenes Heim mit wackeren Schülern einem grossen, schönen Hause mit minderwertigen Insassen vorzuziehen; allein das beste bleibe doch die Vereinigung von beidem, und wenn es gelänge, die Schüler des Goethe-Gymnasiums fromm, vaterlandsliebend, feingesittet und strebsam zu allem Guten zu erziehen, so werde diese schöne Vereinigung zu aller Freude erreicht. Daß dies das eifrigste Bestreben hier sein werde, davon seien alle überzeugt: möge dem Streben Erfolg und Erfüllung zu teil werden!

Der Direktor drückte zunächst seinen innerlichst empfundenen Dank aus für die freundlichen Wünsche und die Ehrung, die der Schule und ihm zu Teil geworden sei. Er und das Lehrerkollegium seien von dem Gefühle durchdrungen, daß sie dem Rat und der Hülfe der Persönlichkeiten, die an der Spitze der Schulverwaltung ständen, das Beste in ihrer Wirksamkeit verdankten. Das Wohlwollen, das der Schule bezeugt werde, solle für sie ein Sporn sein, das Vertrauen der Behörde, der Bürgerschaft dieser Stadt und der Eltern sich täglich von neuem zu erwerben.

Sodann richtete er sich an die Festversammlung mit etwa folgenden Worten: „Sie haben uns die Freundlichkeit erweisen wollen, Zeuge zu sein, wie dies herrliche Gebäude unserer Anstalt, dem nunmehrigen Goethe-Gymnasium, übergeben wird. In diesen weiten Hallen, diesen von Licht und Luft durchströmten Räumen soll sich fortan das Leben unserer Schule entfalten. Da ist Preis und Dank das erste Gefühl aller derer, die dem Gemeinwesen dieser Schule angehören, und unsere Seele erhebt sich zu dem Geber aller guten Gabe, dem Vater des Lichts, von dem alles Leben ausströmt und dessen Hauch die Herzen der Menschen durchdringt!

Der Dank aber, den wir den Menschen zu geben haben, muß sich nach vielen Seiten richten, denn gar mannigfaltiger freundlicher Bemühungen, sorgender Gedanken und unverdrossener Arbeit hat es bedurft, um dies Werk zu stande zu bringen.

Wir danken vor allen den Vätern der Stadt, den Mitgliedern des Magistrats und der Stadtverordneten-Versammlung, die nicht nur alles, was für die Erfolge des Unterrichts und die Gesundheit der Schüler notwendig war, reichlich gewährt, sondern auch darüber hinaus ihren Willen bekundet und ihm kräftigen Ausdruck gegeben haben, daß dieser Bau vorbildlich für andere Schulbauten wirken soll. An der Stirnseite dieses Rednerpultes stehen die Initialen des alten Wortes: „Senatus populusque Francofurtanus." Unsere Jugend möge, wenn sie diese Zeichen sieht, stets des eingedenk sein, daß es ihre Vaterstadt, daß es das große Gemeinwesen ist, dem sie die kostbare Gabe dieses Schulhauses verdankt; sie möge sich dadurch bestärken lassen in der Freude an ihrer schönen Heimat und in der Liebe zu ihrer Vaterstadt und ihrem Vaterlande. Wir danken dem früheren Oberbürgermeister unserer Stadt, Seiner Exzellenz Herrn Minister Dr. Miquel und dem damaligen Vorsitzenden des Kuratoriums, Herrn Bürgermeister Dr. Heussenstamm, die die erste Anregung zu diesem Bau gegeben haben, und nicht minder unserem verehrten jetzigen Herrn Oberbürgermeister Adickes, der mit sicher treffendem Blick diesen Platz ausgewählt und dadurch zugleich die Hauptgrundzüge für die Bauanlage gegeben hat. Mit stets wachsamer Fürsorge hat das Kuratorium, an seiner Spitze Herr Stadtrat Grimm, den Fortgang dieses Baues verfolgt, stets bereit, mit Thatkraft und Sachkenntnis einzugreifen, wo Rat und Hülfe nötig war. Der städtischen Baubehörde und dem Herrn Stadtarzt verdanken wir es, daß das Bauprogramm, das dem Wettbewerb zu Grunde gelegt wurde, in mustergültiger Weise aufgestellt worden ist.

Aber alle diese Bemühungen hätten nicht zu dem Ziele geführt, zu dem herrlich vollendeten Werke, das wir jetzt bewundern, wenn nicht der Gedanke des Meisters sie belebt, ihnen Gestalt und Zusammenhang und die wirkende Seele gegeben hätte. Dem genialen Baumeister, Herrn Bauinspektor Frobenius, reichen wir heute noch in ganz anderem Sinne die Palme dar als damals, da unter den 131 Entwürfen, die im Wettbewerbe eingegangen waren, seinem Plane der Preis zuerkannt wurde. Wie er den Wurf des Ganzen so glücklich, so anmutig zugleich und zweckmäßig getroffen hat, so hat er mit der Liebe und Gewissenhaftigkeit des echten Künstlers bis ins Einzelne hinein, auch in dem, was klein und unwesentlich scheinen könnte, sein Werk bis zuletzt vervollkommnet. Wenn wir seinen Namen dankbar mit dem unseres Schulhauses für immer verknüpfen, so müssen wir auch des Mannes gedenken, der in seiner Vertretung hier am Platze den Bau geleitet hat, des Herrn Architekten Blattner. Mit emsigem Pflichteifer und eingehender Sorgfalt hat er über dem Werke gewacht und wesentlich dazu beigetragen, daß es in raschem Schritt zur Vollendung geführt und daß die zahlreichen Schwierigkeiten überwunden wurden, die nur der würdigt, der sie aus Erfahrung kennen lernt.

Wir gedenken der zahlreichen fleißigen Hände, die an diesem Bau thätig waren, und neigen uns ehrend vor der Tüchtigkeit des deutschen Handwerkers und Arbeiters; was wir ihrem starken Arm und ihrer geschickten Hand verdanken, des wollen wir und des mögen unsere Schüler stets mit dem schuldigen Respekte eingedenk bleiben. Wir preisen die glückliche Fügung, daß auch nicht der geringste Unfall bei diesem Bau zu beklagen war, der einen Schatten auf die Freude des heutigen Tages werfen könnte.

Und zuletzt dürfen wir noch für eine besondere Gabe unseren Dank aussprechen: Diese hohen Fenster, die, in buntem Farbenschmuck mit sinniger Kunst von einem hervorragenden Meister ausgeführt, auf uns niederschauen, sind eine Stiftung der Liebe und Anhänglichkeit früherer Schüler des Städtischen Gymnasiums (vgl. S. 19). Wie das Licht der Sonne sich freundlich durch diese Scheiben brechen wird, so sei dieses Geschenk uns ein glückverheißendes Zeichen, daß wie bisher, so auch in Zukunft unsere Schüler mit ihrer Schule in Liebe verbunden bleiben werden.

All dies Schöne, was durch so mancherlei Opfer und Mühen, durch Fleiß und Kunst geschaffen ist, wird von nun an uns, der Schulgemeinde des Goethe-Gymnasiums, zu täglicher Benutzung übergeben. Da müssen wir uns zu Herzen nehmen, dass eine jede Gabe auch eine Aufgabe ist, und müssen mit heiligem Ernste danach streben, uns innerlich würdig zu machen des Gewandes, das unserer Schule heute gegeben wird. „Das Schöne stammet her vom Schönen und will gepfleget sein, wie eine Blume edler Art." Wollen wir dies Wort, an euch wende ich mich, meine lieben Schüler, zunächst einmal äußerlich fassen: Es ist schon ein nicht unbedeutendes Stück Erziehung, die ein jeder von euch an sich selbst üben muß, diesen Bau und alle seine Teile im täglichen und stündlichen Gebrauch so schonend zu behandeln, wie es der Schönheit entspricht, die aus ihm zu euch redet, wie es die Sorgfalt und Müke verlangt, die zu ihrer Herstellung nötig war. Habet Ehrfurcht vor den Dingen, die euch umgeben, das wird euch auch auf weiterem Felde vor der Mißachtung der Arbeit anderer schützen, die gar oft aus Mutwillen hervorgehend unversehens in Rohheit endet.

Aber noch in anderem Sinne kann uns dies Gebäude eine Mahnung und ein Vorbild sein. Es vereinigt aufs glücklichste die Kraft und die Anmut, den Ernst und die Heiterkeit; möchte so auch unser Wirken von beiden Eigenschaften getragen sein. Denselben Weg weisen uns die Sprüche, die die Wand dieser Festhalle zieren und die dem reichen Gedankenschatze des Dichters und Weisen entnommen sind, nach dem unsre Schule von jetzt an genannt werden soll: „Ohne Ernst ist in der Welt nichts möglich" und „Fröhlichkeit ist die Mutter aller Tugenden". Fröhlich bei der Arbeit und besonnen und zielbewußt in aller Fröhlichkeit, das wäre die richtige Weise.

Die Schönheit dieses Gebäudes ist nichts Äußerliches, das wie eine Etikette dem fertigen Werke aufgeklebt wäre; sie ist aus der inneren Notwendigkeit und der Zweckmäßigkeit des Ganzen hervorgewachsen, darum wirkt sie so wohlthuend und überzeugend. Der bedeutungslose Schmuck, der hohle Schein läßt uns innerlich kalt. So soll auch das Streben

8

nach allem Schönen und Hohen, die Liebe zu Kunst und Wissenschaft und zu aller edlen Bethätigung hervorwachsen aus dem inneren Bedürfnis der Seele und überall ruhen auf dem festen Grunde eindringenden Verständnisses. Dies Wechselverhältnis drücken zwei andere Worte Goethes aus, die sich hier gegenüberstehen: „Lust und Liebe sind die Fittiche zu grossen Thaten" und „Was man nicht versteht, besitzt man nicht". Wo nicht die Begeisterung für hohe Ziele die Seele beschwingt, da kriecht sie mühsam einher und erstickt im Staube der Alltäglichkeit. Wo der tiefe Untergrund ernster Verstandesarbeit fehlt, da wird das Streben nach sogenannten Idealen, nach sogenannten hohen und erhabenen Gedanken hohles Gerede und eitles Wortgeklingel.

Nur die Arbeit im Kleinen verleiht die Tüchtigkeit, die zum Großen führt; wer sie verschmäht, sinkt, ehe er sichs versieht, zum Erbärmlichen herab. Doch wer sich redlich bemüht und die schellenlaute Thorheit meidet, kann sicher sein des Lohnes, der in der einen oder anderen Art, früher oder später ihm zu teil wird. So lehrt uns ein letztes Spruchpaar, das von diesen Wänden zu uns redet: „Wer geringe Ding' wenig acht't, sich um geringere Mühe macht" und „Nach dem einer ringt, also ihm gelingt".

Und was soll nun in dieser Schule der Gegenstand ernster Arbeit und fröhlichen Strebens und Ringens sein? Der alte Wahrspruch unseres Gymnasiums, der an der Stirnseite unseres Hauses prangt, kann uns einen Fingerzeig geben: Non scholae sed vitae discimus. Für das Leben soll die Schule bilden, tüchtige Männer soll sie heranzuziehen helfen. Dazu gehört zunächst, daß die Schüler nicht Fremdlinge werden in dem Leben, das sie umgiebt, daß sie die Natur und ihre Vorgänge sehen und beobachten, begreifen und lieben lernen. Wir danken es den Vätern unserer Stadt, daß sie diese Schule so reich mit den Mitteln zur Anschauung und Beobachtung ausgestattet haben, die den Unterricht in den Dingen der Natur allein wirksam machen. Für uns ist dies um so dankenswerter, ja notwendiger, als die Zeit, die hier solchem Unterricht gewidmet wird, verhältnismäßig nur gering sein kann. Denn das Leben, für das unsere Schule vor allem vorbereiten soll, ist das des menschlichen Geistes. Darum suchen wir unsere Schüler in das reiche Geistesleben unseres Volkes und anderer Völker einzuführen und sie vertraut zu machen mit dem, was die Helden des Menschengeschlechtes erfahren und gedacht, gethan und gelitten haben. Vor allem beschäftigen wir unsere Schüler mit dem, was der greifbarste und zugleich feinste Ausdruck des menschlichen Geistes ist, mit den Sprachen. Hier offenbart sich die Fülle des inneren Lebens. Die Kunstwerke der Litteratur, die von den hervorragendsten Dichtern und Denkern geschaffen sind, werden der Gegenstand eindringenden Verstehens und nacheifernder Bethätigung. Auch die Sprache an sich, das Werk anbewußten Schaffens von Generationen, ist ein Kunstgebilde, ja wohl eins der erhabensten, die die Natur des Menschen hervorgebracht hat; ihren inneren Bau zu durchschauen, über ihre Hülfsmittel aufgeklärt zu werden und sich in ihren Besitz zu setzen, giebt dem schon gereifteren Verstande eine Förderung ohne gleichen.

Man nennt solche Richtung in der Erziehung die humanistische, weil sie das rein Menschliche vornehmlich verfolgt. Unter humanistischer Bildung versteht man aber ganz besonders die, die sich auf die Kenntnis der Sprachen des Altertums, des Griechischen und Lateinischen gründet, denn diese Sprachen und die Werke, die in ihnen geschaffen sind, haben einen besonderen, vorbildlichen Wert für die Erziehung des heranwachsenden Geschlechts. Es ist nun die Ansicht hier in dieser Stadt sowohl wie auch anderwärts verbreitet, als ob unsere

Anstalt, das Goethe-Gymnasium, weniger humanistisch sei, als die übrigen Gymnasien. Allerdings, wir haben den Versuch gemacht, einen anderen Weg zum Ziele einzuschlagen, als er gewöhnlich genommen wird. Wir suchen unsere Schüler erst in der Muttersprache und in einer uns näherstehenden modernen Sprache eine eingehende sprachliche Ausbildung zu geben, ehe wir zu den alten Sprachen übergehen, und dadurch gleicht sich unser Gymnasium in den unteren Klassen den lateinlosen Schulen an. Aber darum ist es nicht weniger humanistisch als die anderen Gymnasien. Unser Ziel ist dasselbe, und wir hoffen, ja wir glauben die gegründete Zuversicht haben zu dürfen, daß wir es erreichen; die schönste Erfüllung unserer Wünsche wäre, wenn dieser Versuch dazu führte, dem Unterricht in den alten Sprachen nicht nur, sondern dem ganzen Organismus des Gymnasiums neue Lebenskräfte zuzuführen. Zu solchen Hoffnungen berechtigt uns die freudige Teilnahme unserer Schüler, das eifrige und erfolgreiche Streben, das sie bisher auf dem neuen Weg bewährt haben. Aber in dieser ernsten und feierlichen Stunde dürfen wir auch mit dem Bekenntnis nicht zurückhalten, und ich weiß, daß ich hier die Gesinnung aller meiner Kollegen, der Mitarbeiter an diesem Werke, ausspreche: Sollten wir uns in unseren Erwartungen getäuscht sehen, sollte die Erfahrung uns eines anderen belehren, so ist unsere Ansicht, daß nicht das Ziel, sondern der Weg zu ändern wäre. Wir würden auch den Mut finden, zurückzuweichen, wenngleich wir seiner nicht zu bedürfen hoffen.

Weshalb legen wir denn solchen Wert auf die Pflege der alten Sprachen? Mit Rom verknüpft uns das starke Band der geschichtlichen Überlieferung. Auf seiner Kultur ruht die unsere, auf dem festen Gefüge seiner Sprache sind die modernen Sprachen, auch die deutsche, aufgebaut. Wir würden den geschichtlichen Zusammenhang zerreissen und geschichtlos werden, wenn wir die Beschäftigung mit Rom und seiner Sprache aufgeben wollten. Zu den Griechen aber zieht uns ein anderes.

Den stärksten Einfluß auf unser Leben üben gewaltige Persönlichkeiten, geniale Naturen, die vorbildlich wirken und bahnbrechend sind, deren Erscheinung wie ein Lichtstrahl weite Gebiete des menschlichen Wesens erhellt, deren Dasein uns wie eine Offenbarung neuen Lebens anmutet. Nur soweit wir uns in sie vertiefen, ihnen nachzuempfinden und nachzuleben suchen, nehmen wir am geistigen Leben teil. Wie von einzelnen Persönlichkeiten Ströme neuen Lebens ausgehen, so giebt es auch geniale Völkernaturen, deren Dasein und Wirken das Geistesleben der nachfolgenden Geschlechter bestimmt. So wenden wir stets noch unsere Blicke zu den Propheten des alten Bundes zurück, von denen die Gotteserkenntnis ausgegangen ist. Von der Geschichte des Volkes Israel, von dem uns die Religion und das Licht gekommen ist, das die Jahrhunderte erhellt, können wir uns nicht losreißen, wenn wir uns nicht selbst aufgeben wollen. So waren die Griechen des Altertums auf anderem Gebiete ein Volk der Vorsehung: Was bis auf unsere Tage an Kunst und Wissenschaft blüht und gedeiht, geht mit seinen Wurzeln auf sie zurück. Die unvergleichlichen Werke ihrer Kunst und Litteratur sind nicht nur Muster und Vorbilder gewesen, sie haben die nachfolgenden Geschlechter immer wieder im Innersten ergriffen und zu eigener nachschaffender Begeisterung erweckt, unser deutsches Volk nicht am wenigsten: die Sonne Homers leuchtet auch uns. Sollten wir da unsere Jugend nicht zu den Quellen leiten, die heute reiner und unverfälschter rinnen, denn je? Zwar sei es ferne von uns zu behaupten, nur der habe wahre Bildung, der Griechisch gelernt habe; die Beweise des Gegenteils sind zu zahlreich und schlagend. Ja wir wünschen von Herzen, daß der Zwang aufhöre, der jetzt noch durch die Berechtigungen auf die Erlernung dieser Sprache ausgeübt wird. Wir halten dafür, es sei heilsamer und der deutschen Bildung zuträglicher, wenn eine geringere Zahl in Freiheit, durch eigenen Trieb oder die Wahl der Eltern bestimmt, sich dem edlen Studium dieser Sprache widmet, als daß große Scharen ohne inneren Beruf, nur der Not gehorchend sich ihre Elemente aneignen. Wir trauen dem Genius unseres Volkes wie dem des griechischen, daß nie die Gefolgschaft treuer Jünger verschwindet, die sich in die Schönheit und den Gedankenreichtum griechischer Geisteswerke vertiefen wollen, und wir glauben zuversichtlich, daß, wenn jene Freiheit einmal proklamiert wird, es diesen Räumen so wenig an Schülern fehlen wird, wie jetzt.

Doch diese Dinge liegen noch in der Zukunft. Für uns ist das Ziel vorgezeichnet, nicht nur durch eigene Wahl, sondern auch durch die Bestimmungen, die uns gegeben sind. Unser Versuch steht noch im Anfang, und wir sind mit Recht heute daran gemahnt worden, daß über den Erfolg erst die Zukunft entscheiden wird. Harter Arbeit wird es bedürfen, die ja in unserem Berufe nie fehlt. Per aspera führt der Weg, wie die Inschrift auf unserem Hause sagt; möge das Ziel: ad astra, uns nie aus den Augen verloren gehen. Nicht im hochmütigen Sinne ist dies gemeint. Die Sterne seien uns ein Bild, ein Zeichen des ewigen göttlichen Geistes, dem unser Thun zugewendet sein soll. Sein Licht möge uns leuchten und unser Werk leiten.

Der Friede, der vom Himmel ist, walte über uns: brüderliche Eintracht zwischen uns den Lehrenden, kindliches Vertrauen der Schüler zu ihren Lehrern, väterliche Liebe der Lehrer zu den Schülern. Segen und Friede sei mit diesem Hause und mit dieser Schulgemeinde!"

Mit dem Gesang des Chores „Feierklänge, Festgesänge" von Gluck schloß die Feier. Von den Gästen wurden die Räume des Schulhauses in Gruppen unter Führung des Herrn Bauinspektors Frobenius, des Herrn Architekten Blattner und des Direktors besichtigt.

Am Abend des Einweihungstages fand in der Aula eine Fest-Aufführung des Agamemnon des Äschylus in der Übersetzung von Ulrich von Wilamowitz-Möllendorf mit den Chören von Romberg (Direktor Dr. Ferd. Schultz in Charlottenburg) durch Schüler des Goethe- und Lessing-Gymnasiums statt. Unter den Gästen durften wir Ihre Königliche Hoheit die Frau Landgräfin von Hessen, Prinzessin Anna von Preußen, Ihre Hoheit die Prinzessin Sibylle von Hessen, Seine Exzellenz Herrn Oberpräsidenten Magdeburg, Herrn Oberbürgermeister Adickes und Vertreter der staatlichen und städtischen Behörden begrüßen. Das Stück machte auf alle Anwesenden einen mächtigen, ergreifenden, erschütternden Eindruck, und der alte Dichter feierte eine Auferstehung, wie sie schöner auch seine Freunde und innigen Verehrer nicht erwartet und erhofft hatten. Zu diesem Erfolg trug die meisterhafte, das tiefste Wesen des Dichters nachempfindende und wiederspiegelnde Übersetzung wesentlich bei: Wilamowitz hat uns den Dichter neu geschenkt, wie denn überhaupt seine Übersetzungen zu dem Vollendetsten gehören, was die nachschaffende Poesie je geleistet hat. Nicht minder sind wir dem Komponisten dankbar, dessen Musik die Stimmung trug und hob, die über der feierlichen Stunde lag. Daß aber unsere Schüler dem Werke gewachsen waren und, sich selbst übertreffend, den höchsten Anforderungen genügten, daß auf dem engen Raum unserer Bühne sich das mächtige Werk ohne Anstoß abspielen konnte, das ist das Verdienst des Mitgliedes unseres Stadttheaters und Lehrers am Hoch'schen Konservatorium

Herrn Karl Hermann. Er hat mit tiefem Verständnis den alten Dichter ergriffen und mit der ihm eigenen Gestaltungskraft unsere Schüler, die wir ihm mit vollem Vertrauen auf seine künstlerische Führung überließen, zu gleicher Auffassung und gleicher Wiedergabe befähigt. Unseres herzlichsten Dankes ist er gewiß, und wir können uns nichts Besseres wünschen, als daß die Verbindung mit solch einem edel denkenden schaffenden Künstler, der an seinen Beruf den höchsten Maßstab legt, für unsere Schule noch weitere Früchte trage. Den Gesang der Chöre hatte der ordentliche Lehrer an unserer Anstalt, Herr Dietrich Schmidt, eingeübt. Das Urteil der berufensten Vertreter des Gesanges in dieser Stadt giebt uns die Gewißheit, daß diese Leistung auf der Höhe stand, die des großen Werkes würdig war.

Am Abend des 8. Januar wurde eine Wiederholung der Aufführung, wiederum bei überfülltem Saale, gegeben, und doch konnten wir zu unserm herzlichen Bedauern nicht die noch zahlreichen Wünsche derer befriedigen, die gleichfalls gerne an diesem Genusse teilgenommen hätten. Wir bitten sie, uns zu entschuldigen, wenn wir durch die Notwendigkeit gezwungen ihrer Erwartung nicht haben entsprechen können, und darum ihre Freundschaft unserer Schule nicht zu entziehen.

Am Abend des Samstag, des 9. Januar, beschloß ein geselliges Zusammensein der Angehörigen des Goethe- und Lessing-Gymnasiums, welchem Herr Bürgermeister Dr. Heussenstamm und Herr Stadtrat Grimm die Ehre ihrer Teilnahme schenkten, die Reihe der Festlichkeiten, die der Neuorganisation der beiden städtischen Gymnasien und der Einweihung unseres Hauses galten.

Baubeschreibung.

Herr Bauinspektor Frobenius in Charlottenburg, der Erbauer des Goethe-Gymnasiums, hat die Güte gehabt, uns die nachfolgende Baubeschreibung zur Verfügung zu stellen:

Der Thatkraft der berufenen Vertreter der städtischen Behörden, dem Herrn Oberbürgermeister Adickes und dem Vorsitzenden des Kuratoriums, Herrn Stadtrat Grimm, die in hervorragender Weise von den Organen der Bau-Deputation und dem Stadtarzt, Herrn Geheimen Sanitätsrat Dr. Spieß unterstützt waren, gelang es den geeigneten Bauplatz zu finden, der nach seiner Gestaltung wohl Schwierigkeiten bot, durch seine Lage aber bestimmt schien, den Mittelpunkt eines neu entstehenden Stadtviertels zu bilden und zugleich von den belebtesten Teilen der älteren Stadt unschwer zu erreichen war. Ein Programm wurde aufgestellt, welches, in räumlicher und hygienischer Beziehung alles Beste beanspruchend, höchste Anforderungen stellte, zumal die ästhetische Seite des Bauwerks programmäßig nicht in den Hintergrund gedrängt werden durfte. Dem öffentlichen Wettbewerb, welcher am 15. Februar 1893 ausgeschrieben wurde und am 8. Juli 1893 seinen Abschluß fand, erwuchs gerade aus diesen Schwierigkeiten ein besonderes Interesse.

Der Unterzeichnete war so glücklich, aus diesem Wettbewerb als Sieger hervorzugehen, und noch glücklicher dadurch, daß ihm von den städtischen Behörden auch die Ausführung des Baues nach den nur wenig abgeänderten Plänen anvertraut wurde. Bereits am 30. März 1894 war er in der Lage, das ausgearbeitete Projekt vorzulegen, welches außer einer Einschränkung der Aula, welche sich dadurch ermöglichte, daß der Gesangsaal eine solche Anordnung gefunden hatte, daß er als Erweiterung der Aula dienen konnte, mit der preisgekrönten Skizze sich fast genau deckte.

Auf Grund dieses Projektes, welches für die vier Gebäude einen Kostenbedarf von 517000 Mark nachwies, fanden eingehende Kommissionsberatungen statt, als deren Ergebnis eine nochmalige Umarbeitung des Projektes, welche am 1. April 1895 vorgelegt wurde, zu betrachten ist.

Die Bausumme wurde hierbei, entsprechend einem Gutachten des Hochbauausschusses vom 22. Oktober 1894, auf 522344 Mark festgesetzt, einschließlich aller in dem früheren Anschlag nicht berücksichtigten Nebenanlagen. Der Betrag für die vier Gebäude hat sich hierbei von 517000 Mark auf 456000 Mark ermäßigt. Diese Ermäßigung wurde erreicht durch eine Einschränkung der Klassenlänge auf 9 m., welche statthaft erschien, nachdem im Prinzip festgestellt war, daß die Klassen mit nicht mehr als 40 Schülern belegt werden sollten, durch eine Einschränkung des Dienstwohngebäudes und durch die seitens des Architekten in Vorschlag gebrachte Anwendung von Putzflächen an Stelle von Verblendung für die Hoffronten, welche mit Rücksicht auf die in Frankfurt vorhandene treffliche Putztechnik auch aus ästhetischen Gründen den Vorzug verdiente vor der Anordnung einer farbigen Verblendung, welche zu der Sandsteinarchitektur der Fronten einen allzu schroffen Gegensatz gebildet haben würde. Dieses Projekt fand Zustimmung, die Detaillierung begann, und im Juni 1895 konnten die Bauarbeiten in Angriff genommen werden.

Programmäßig sollte der Bau bis zum 1. Oktober 1896 fertig gestellt werden. Eine Verlängerung der Bauzeit bis zum Januar 1897 wurde nötig, weil sich herausstellte, daß bei der eintretenden Frequenz der Anstalt die Einrichtung von Parallelklassen nicht zu umgehen sein würde. Am 11. Februar 1896 faßte der Magistrat deshalb den Beschluß, eine Erweiterung um die drei hierzu nötigen Klassenräume von vorn herein ins Auge zu fassen, wie dies schon bei den Beratungen im Jahre 1894 seitens der Schulverwaltung und des Architekten angeregt worden war.

Der Architekt erhielt den Auftrag zu einer entsprechenden Projektumarbeitung, welche am 19. Februar 1896 zur Vorlage gebracht wurde und eine Nachbewilligung von 28.500 Mk. zur Folge hatte.

Endlich wurde noch laut Protokoll der Stadtverordneten - Versammlung vom 25. Februar 1896 ein Zusatzkredit von 2500 Mk. bewilligt für Herstellung einer Sammelheizung in der Direktorwohnung an Stelle der projektierten Ofenheizung und von 7500 Mk. für Herstellung der elektrischen Beleuchtung.

Die Gesamtsumme der bewilligten Mittel, welche, soweit dies bis jetzt zu übersehen, bei der Ausführung nicht überschritten sind, betrug hiernach 522.344 + 28,500 + 2500 + 7500 = 560.844 Mark.

So erhielt der Bau die endgültige Form, welchem wir jetzt gestattet sei, ohne weitere Berücksichtigung der Vorgänge, eine kurze Beschreibung zu widmen. Zur Erläuterung dienen die beigegebenen Tafeln. Die Vorgeschichte mitzuteilen hielt ich für nötig, weil sich nur hieraus die sonst auffallende Lage des hinteren Treppenhauses im Schulgebäude erklärt, welche leider dem Grundriß als ein nicht mehr zu beseitigender Mangel anhaftet.

13

Der Bauplatz liegt mit seiner 80 m langen Süd-West-Front an der durch Anlagen verbreiterten Bahnstrasse. Die rechtwinklig dazu belegenen Grenzen sind nach Abzug des Vorgartens an der Nordseite 104,21 m, an der Südseite nur 32,79 m tief. Da das Programm eine Lage sämtlicher Klassenräume mit Ausnahme der Physikklasse nach N. W. verlangte, außerdem ein Abstand der Klassenfenster von der Nachbargrenze von 20 m vorgeschrieben war, so ergab sich naturgemäß, daß die ästhetische Front des Baues der Bahnstrasse zugekehrt, die Repräsentations-Räume, nämlich die vorgeschriebene geräumige Wandelhalle, die Aula und die Bibliothek enthalten mußte, während die Klassen in einem nach der Tiefe des Grundstücks sich erstreckenden Flügel unterzubringen waren.

Der vorgeschriebene Abstand der Klassenfenster von der Nachbargrenze ergab einen Abstand des Hauptgebäudes von dieser Grenze, welcher dazu einlud, Dienstwohngebäude und Turnhalle beiderseits von dem Hauptbau als selbständige vorgeschobene Bauwerke zu errichten und mit dem Hauptbau durch praktisch nutzbare, gleichzeitig ästhetisch zusammenfassende Hallengänge zu verbinden.

Das Hauptgebäude wurde hierbei soweit von der Straße zurückgerückt, daß die Achse dieser Hallenbauten die Mittelachse der beiden Seitengebäude traf. Es entstand so eine Dreitheilung des Geländes, welche einen geräumigen durch das Schulgebäude im Sommer beschatteten Schulhof, einen Spielplatz vor demselben und einen Turnplatz zwischen Schulgebäude und Turnhalle und zugleich eine reizvolle Gebäudegruppierung ergab.

Der Turnplatz hat später auf Antrag des Direktors durch Austausch anstoßenden Baulandes mit einem Nachbar noch eine zweckmäßige Abrundung und Erweiterung erfahren. Die Herstellung eines botanischen Gartens auf städtischem Gelände, welches an den Turnplatz anstößt, ist beschlossen und ins Werk gesetzt.

Das Schulgebäude, welches in 3 Stockwerken alle geforderten Räume enthält, wird durch die erwähnte Vorhalle betreten, welche in der Breite des Schulgiebels zu einem geräumigen Vorplatz erweitert und mit Sitzbänken für wartende Schüler ausgestattet ist.

Von ihr aus betritt man durch einen Windfang die gewölbte Wandelhalle, welche im Erdgeschoß eine Ausdehnung von 9 zu 16 m erhalten hat und von 8 kräftigen Säulen aus ausgesuchtem Mainsandstein getragen wird, reichlich erhellt von der in der Achse angeordneten dreiarmigen in Sandstein mit Dolomit-Stufen ausgeführten Haupttreppe aus.

Von dieser Wandelhalle sind zugänglich das Lehrer- und Konferenzzimmer an der Südostseite, mit ihren Fenstern den Turnplatz beherrschend, der Dienstraum des Pedellen und, durch ein kleines Vorzimmer zugänglich, das Zimmer des Direktors mit Fenstern nach dem Hauptschulhof und für den Direktor persönlich durch eine zweite außerhalb der Windfangthüren liegende Thür auch außer der Schulzeit erreichbar, ohne daß die eigentlichen Schulräume betreten werden müssen.

An die Wandelhalle schließt sich ein 3,10 m breiter Korridor an, welcher auf der einen Seite den Zugang zu 5 Klassen vermittelt, auf der anderen Seite eine Erweiterung zur Unterbringung 5 Garderoben erhalten hat. An seinem Ende führt die Nebentreppe, welche ebenfalls ganz massiv konstruiert ist und Dolomit-Stufen erhalten hat, zu den oberen Geschossen und zum Keller. Durch Windfänge wohl geschützt vermitteln an beiden Enden des Korridors 2 Ausgänge den Verkehr zum Hauptschulhof. Vom äußersten Ende desselben gelangt man mittels eines überdeckten Ganges zu den

14

Bedürfnisanstalten, welche auch vom Turnplatz und vom Schulhof aus direkt erreicht werden können. In diesem Closetgebäude sind Bedürfnisanstalten für die Lehrer und für den Pedellen bezw. Heizer untergebracht. Die Closet- und Pissoir-Anlagen für die Schüler sind in zwei Gruppen, für ältere und jüngere Schüler getrennt, deren jede 7 Sitze mit selbstthätiger Spülung und eine reichliche Pissoir-Anlage mit Oelverschluß enthält und an die Heizung angeschlossen ist, um winterliches Einfrieren zu verhüten.

Die gleiche Anordnung wie in dem Erdgeschoß des Schulgebäudes wiederholt sich im ersten Stockwerk. Nur ist hier die Wandelhalle auf eine Breite von 6,88 eingeschränkt. Von ihr aus sind zugänglich an der Südostseite die physikalische Klasse mit einem physikalischen Kabinet und einem chemischen Arbeitszimmer, an der Südwestseite die Bibliothek, an der Nordwestseite die naturgeschichtliche Klasse mit einem Raum für die naturwissenschaftliche Sammlung.

An besonderen Einrichtungen hat die Physikklasse, deren Bankreihen terrassenförmig ansteigen, außer einem Experimentirtisch neuester Konstruktion einen Abdampfschrank und eine nach Südosten gerichtete Fensteröffnung, vor welcher der Heliostat auf dem Balkon Aufstellung finden soll, erhalten. Eine Konsole an der der Tafel abgekehrten Wand dient zur Aufstellung eines Projektionsapparates; Thüren ohne Schwellen verbinden die Klasse sowohl mit dem physikalischen Kabinet, als dem chemischen Arbeitszimmer, so daß die Experimente in diesen Räumen auf einem rollbaren Tisch vorbereitet und in kürzester Zeit zur Vorführung gebracht werden können. Eine Verdunkelungsvorrichtung an den Fenstern vervollständigt die Ausrüstung. Eine gleiche Verbindungsthür besteht zwischen dem naturgeschichtlichen Kabinet und der naturgeschichtlichen Klasse. Auch diese ist mit einem Projektionsapparat und verdunkelnden Vorhängen ausgestattet, während in allen übrigen Klassen die bei der Nordwestlage entbehrlichen Fenstervorhänge aus hygienischen Rücksichten gänzlich vermieden wurden.

An dem Korridor, der sich an die Wandelhalle in gleicher Weise wie im Erdgeschoß anschließt, liegen im ersten Stockwerk abermals 5 Klassen und die zugehörigen 5 Garderoben.

Im zweiten und letzten Stockwerk endlich, in welchem das Haupttreppenhaus durch ein mit angetragenem Stuck verzierten Rabitzgewölbe seinen Abschluß findet, ist die Wandelhalle zu gunsten der hier an der Front des Gebäudes liegenden Aula bis zur Korridorbreite verengt.

Drei Flügelthüren führen in die rund 12,5 m breite und 16 m lange Aula. Durch zwei eingebaute Logen, welche Sitzplätze für das Lehrerkollegium oder bevorzugte Gäste bieten, und durch eine Empore, welche über dem Korridor angeordnet wurde, ist das anscheinend ungünstige Raumverhältnis derselben verdeckt. Die bogenförmige, holzgetäfelte Decke hat hierbei eine kreuzförmige Ausbildung erhalten und es ist ein ansehnlicher wohlakustischer Raum entstanden, dessen Längenrichtung noch besonders betont wird durch eine Durchbrechung der Wand zwischen dem südöstlich anstoßenden Gesangsaal und der Aula. Diese Wandöffnung, für gewöhnlich durch eine Eichentäfelung geschlossen, ermöglicht es, den Gesangsaal zur Erweiterung der Aula, auch wohl, wie dies bei der

Einweihungsfeier geschehen, zur Errichtung einer Bühne für Schüleranfführungen und dergleichen zu benutzen.

Reich gemalte Glasfenster, welche die Hochherzigkeit früherer Schüler der Anstalt stiftete*), dienen ihr im Verein mit der Holztäfelung der Wände zu reichem Schmuck. Einzelne Wandfelder bieten geeignete Flächen für weitere künstlerische Ausstattung, zu der die Mittel zum Teil von hochherzigen Stiftern in Aussicht gestellt sind.

Neben dem erwähnten Gesangsaal liegt ein kleiner Raum, bestimmt für Sammlungen. Neben diesem Raum führt die Treppe zur Empore, und unter derselben ist eine bescheidene Unterkunft für den Heizer gewonnen.

Die Nordwestfront nehmen auch in diesem Geschoß die Klassen ein, und zwar sind hier an dem Korridor 5 Klassen, von denen eine vorläufig als Modellkammer dient, und der Zeichensaal angeordnet. 5 Garderoben liegen ihnen gegenüber.

Die Heizung des Schulgebäudes erfolgt durch eine Niederdruck-Dampfheizung, ausgeführt von der Firma Käferle, als deren Besonderheit es zu betrachten ist, daß sie in Verbindung gebracht wurde mit einer Pulsions-Luftheizung mit elektrischem Betrieb. Diese Anordnung soll es ermöglichen, daß im Sommer die Klassenräume mit frischer Luft versorgt werden können, und daß bei außergewöhnlicher, namentlich plötzlicher Kälte im Winter die langsame Wirkung der Dampfheizkörper, welche überall unter den Fenstern Aufstellung gefunden haben, durch die viel raschere der Luftheizung unterstützt werden kann. Die drei Kessel, von denen der eine kleinere nachträglich bei dem Beschluß der Erweiterung um 3 Klassen als Reserve beschafft werden mußte, befinden sich im Keller an der Nordwestseite und sind mit dem Kohlenlager, welches aus wirtschaftlichen Rücksichten an der Südostseite angeordnet wurde, durch ein Schienengeleise verbunden, auf welchem die Kohlen und Aschenwagen leicht bewegt werden können.

Die sämtlichen Decken des Schulgebäudes sind massiv konstruiert und zwar über dem Kellergeschoß und den Korridoren gewölbt, über den Räumen als Klein'sche Decke zwischen eisernen Trägern.

Eichenholzfußböden in den Klassen, Fließenfußböden in den Korridoren gewährleisten größte Reinlichkeit. Auch Holzpanneele sind aus hygienischen Rücksichten mit Ausnahme in der Aula überall vermieden, und an deren Stelle ein Stuccolustro aus Cement und hydraulischem Kalk angewendet, dessen gefährdete Kanten durch eiserne Schienen überall sorgfältig gesichert sind. Aus Eisen bestehen auch die Thürbekleidungen der Klassenthüren, welche sich, um eine Verengung des Korridors durch die offen stehende Thür zu vermeiden, sämtlich in Nischen bewegen.

Die Fenster sind bis unter die Decke geführt und liegen mit ihrer Brüstung 1,25 m hoch über dem Fußboden.

Eine normale Klasse von $6,2.9 = 55,8$ qm besitzt in ihren 9 Fenstern eine Lichtquelle von 16,5 qm. also fast ⅓ der Grundfläche. Gesteigert wird die Lichtwirkung noch dadurch, daß die Looshölzer der Fenster tief liegen und den nutzbarsten Lichteinfall im oberen Teil des Fensters nicht behindern. Zugleich sind mit dieser Fensterteilung im unteren Teil kleine, während der Zwischenpausen von den Schülern selbst leicht zu

---

*) Siehe S. 19.

bedienende Fensterflügel gewonnen, während die großen Oberflügel nur vom Schuldiener bei jeweiliger Reinigung geöffnet werden sollen.

Die Möglichkeit dieser starken Durchbrechung der Klassenfrontwände wurde dadurch erzielt, daß das mittlere Fenster jeder Klasse einen risalithartigen Vorsprung der Front bildet, so daß die beiden Pfeiler, auf denen die eisernen Träger der Decke lagern, ohne verbreitert werden zu müssen die erforderliche Standhaftigkeit erhielten. Daß hiermit zugleich ein wirksames Façadenmotiv gewonnen wurde, mag beiläufig erwähnt werden.

An besonderen Einrichtungen ist noch zu erwähnen, daß die Klassen mit einem Bankmodell ausgerüstet wurden, welches eine Benutzung der Banktische als Stehpult gestattet, so daß gewisse Unterrichtsstunden, oder Teile derselben, stehend abgehalten werden können. Diese durch Herrn Direktor Reinhardt gegebene Anregung bringt vielleicht ein neues, wertvolles Moment in die Bestrebungen nach hygienisch zweckmäßiger Konstruktion der Schulbänke.

Die Schultafeln sind sämtlich als Doppelschiebtafeln an der Mitte der Klassenwand angebracht. Kartenhaken ermöglichen das Aufhängen von Wandkarten vor der Tafel. Messingstangen mit verschiebbaren Haken an der den Fenstern gegenüberliegenden Klassenwand sowie neben der Tafel dienen zur Aufhängung von Bildern und ähnlichem Unterrichtsmaterial.

Um die Wandtafel den Blicken der Schüler freizugeben, sind die Kathedertische nahe zur Fensterwand aufgestellt. Um Raum zu sparen endlich sind die notwendigen Klassenschränke in Wandnischen eingebaut.

Die Bibliothek ist mit Büchergestellen nach dem Ebrard-Wolff'schen System ausgestattet, vor denen sich in halber Höhe eine Laufbrücke befindet. Die Bibliothek ist auf diese Weise ohne Verbauung des Raumes im stande, etwa 8000 Bände aufzunehmen.

Die Turnhalle ist durch den Arkadengang, welcher sich an der Hauptfront vor dem Haus hinzieht, trocken zu erreichen; sie enthält außer einem kleinen, als Windfang dienenden Vorraum eine Gerätekammer und eine Garderobe, in welcher Schränke zur Aufnahme für Turnschuhe, klassenweise verschließbar, aufgestellt worden sind. Über beiden Räumen befindet sich eine geräumige Empore, von der aus man einen schönen Überblick über die 11 m breite, 21,5 m lange Halle hat. Diese hat einen auf Lagerhölzern elastisch verlegten eichenen Fußboden erhalten. Die Decke ist mit einer Holztäfelung versehen. Die Heizung der Halle erfolgt durch Gasöfen, welche am meisten Gewähr dafür zu bieten schienen, daß die Halle im Bedarfsfall rasch erwärmt werden kann.

Das Dienstwohngebäude enthält die Wohnung des Direktors und des Pedellen. Da für beide Wohnungen völlig getrennte Eingänge notwendig waren, mußte jede der in mehreren Geschossen untergebrachten Wohnungen eine eigene Treppe erhalten, doch ist durch Nottüren Vorkehrung getroffen, daß bei Feuersgefahr von jeder Wohnung aus auch die andere Treppe in jedem Geschoß erreicht werden kann.

In die Wohnung des Direktors tritt man von der Schulfront aus in der Achse des Verbindungsganges. Durch ein Vestibule und eine Glasthüre gelangt man in das Treppenhaus, welches möglichst wohnlich ausgestattet und geheizt mit seinen beiden zu Korridoren erweiterten Podesten die Verbindung zwischen den im Erdgeschoß belegenen Zimmern und dem oberen eigentlichen Wohngeschoß bildet. Im Erdgeschoß befindet sich das mit einem zugleich als Bibliothek dienendem kleinen Vorzimmer verbundene Arbeitszimmer des Direktors und das geräumige Speisezimmer nebst Aurichteraum. Die breite Schiebethür zwischen beiden ermöglicht gemeinsame gesellschaftliche Benutzung. Von dem Anrichteraum ans führt eine Verbindungstreppe und ein Aufzug zu den im Souterrain liegenden Wirtschaftsräumen: Küche, Plättstube, Waschküche nebst Vorratsräumen und Kellereien. Auch im Kellergeschoß ist vor der Küche ein Anrichteraum angeordnet, um die Vertheilung von Speisegeröchen durch die Wohnung zu verhüten.

Von der Verbindungstreppe aus kann man zu wirtschaftlichen Verrichtungen direkt ins Freie gelangen.

Das Obergeschoß enthält 6 Wohn- und Schlafräume sowie eine Badestube. An einen für sich abgeschlossenen Flur stoßen die 3 zu Schlafzimmern bestimmten Räume und die Badestube.

Eine Verbindungstreppe vermittelt den Verkehr zu dem ausgebauten Dachgeschoß, welches außer einer geräumigen heizbaren Diele 3 heizbare und 3 nicht heizbare Kammern enthält. Eine kleine Treppe führt von hier zu dem oberen Dachraum. welcher als Trockenboden dient.

In jedem der 4 benutzten Geschosse ist für Anordnung von Closets und Ausgüssen gesorgt und so hoffentlich erreicht, daß die durch die gegebene Situation bedingte Vertheilung der Wohnung auf mehrere Geschosse nicht als ein zu großer Übelstand empfunden wird. Zur größeren Wohnlichkeit wird vor allem die im Kellergeschoß untergebrachte Sammelheizung (Niederdruckdampf), wie im Schulhaus, beitragen, welche es ermöglicht hat, ohne zu große Opfer alle Nebenräume und Corridore in gleicher Weise wie die Zimmer zu erwärmen.

Die Wohnung des Schuldieners ist zugänglich von der Hintertreppe, welche sich nach dem Hauptschulhof hin öffnet. Sie dient zwar zugleich als Nothtreppe für die Direktorwohnung, steht für gewöhnlich aber dem Schuldiener allein zur Verfügung. Im Kellergeschoß sind untergebracht die Küche und zwei Nebenräume, deren einer event. als Wohnraum benutzt werden kann, während der andere zur Unterbringung von Vorräten dient. Im Keller befindet sich auch das Closet des Schuldieners. Im Erdgeschoß liegen an einem abgeschlossenen Corridor 3 Wohnzimmer, von denen das eine seine Fenster dem Schulgebäude zukehrt, sodaß von hier aus der Eingang überwacht werden kann. Im Dachgeschoß sind ihm endlich eine heizbare und eine nicht heizbare Kammer zugewiesen. Die Heizung dieser Wohnung erfolgt durch Öfen.

Ein kleiner Garten ließ sich an die städtischen Elektrizitätswerke sowohl für den Direktor als den Schuldiener von dem Grundstück. ohne daß der Schulhof dadurch beeinträchtigt wurde. abzweigen. Dem ersteren steht außerdem der kleine Balkon des Hauses und die geräumige Plattform des Verbindungsganges zur Verfügung, von denen namentlich der erstere den herrlichen Blick auf das Panorama des Taunus bietet.

Sämtliche Gebäude sind an die städtischen Elektrizitätswerke angeschlossen und mit elektrischer Beleuchtung versehen.

Die beabsichtigten Anlagen der Bahnstraße werden die Schönheit des Platzes, auf dem es vergönnt war, den Bau als Zeugnis für den hochherzigen Sinn der Frankfurter Stadtgemeinde zu errichten, zum Abschluß bringen. Die Bausumme gestattete freilich

2

keinen Luxus der äußeren Erscheinung. Derselbe würde aber auch dem Charakter, der einem Schulhaus gegeben werden mußte, nicht entsprochen haben. Die Gebäudegruppe, mußte allein die Wirkung hervorbringen, welche erstrebt wurde. In diesem Sinne war ich bemüht, jeden Reichtum der Formen an dem Gebäude zu vermeiden, dasselbe lediglich durch seine Verhältnisse wirken zu lassen und überall den Zweck der Innenräume durch Fenstergruppierung und Façadenentwicklung zum Ausdruck zu bringen.

Auf einen einzigen bevorzugten Bauteil mußte der Schmuck, den die bewilligten Mittel gestatteten, sich konzentrieren, wie dies auch dem Geiste der gewählten Frührenaissance-Architektur durchaus entspricht. Dieser zu betonende Gebäudeteil war ohne Zweifel der Straßengiebel, welcher die Aula in sich birgt. Seine besondere Bedeutung war der Architekt bemüht, zum Ausdruck zu bringen.

Von den beiden Türmchen der Turnhalle und des Wohnhauses flankiert, erhebt sich, ganz in Sandstein verblendet, ein stattlicher Treppengiebel von 20 m Höhe, der in seiner Wirkung durch die begleitenden beiden Türme unterstützt wird. Er trägt über dem Eingang den Sinnspruch der Schule: »non scholae sed vitae discimus«; weithin sichtbar fanden an ihm die schönen Worte: »per aspera ad astra« ihren Platz. Der Name, welchen die Schule in Erinnerung an Frankfurts großen Sohn tragen darf, schmückt ihn.

Endlich war es vergönnt, hier das Brustbild Goethes und des großen Lehrers Comenius, dessen pädagogische Absichten im Frankfurter Lehrplan eine Verwirklichung gefunden haben, anzubringen. Die Eule, das Symbol der Wissenschaft, krönt über dem Wappen der Stadt Frankfurt die Fenstergruppe, durch welche die Aula zur äußeren Erscheinung kommt.

Einen bescheideneren Schmuck erhielten dann noch die beiden Giebel des Wohnhauses und der Turnhalle, ersterer durch Symbole häuslichen Glücks, letztere durch turnerische Attribute und eine humoristische Andeutung des friedlichen Wettkampfs, dem dies Haus geweiht ist.

Möchte es mir gelungen sein, mit den Mitteln, welche zu Gebote standen, den Eindruck fröhlichen Ernstes zu erzielen, in dem ich das Wesen wahrer Erziehung zum Ausdruck zu bringen beabsichtigte.

Dank habe ich am Schluß noch allen denen zu sagen, die mich bei meinen Bemühungen freudig und erfolgreich unterstützten, in erster Linie dem bauleitenden Herrn Architekten Blattner, der nach kurzer Thätigkeit eines Vorgängers die Hauptmühe der Bauleitung auf sich nahm, und den Werkmeistern, welche, zumeist in Frankfurt ansässig, die sachgemäße und schnelle Errichtung des Bauwerks ermöglichten.

Frobenius.

19

Stiftung der Aulafenster.

Die Namen derjenigen hochherzigen Geber, die teils selbst als frühere Schüler, teils für ihre Söhne die Ausschmückung der Aula mit künstlerisch ausgeführten Fenstern ermöglicht haben, verzeichnen wir mit herzlichstem Danke. Die Spender, die sich zur Stiftung eines ganzen Fensters (je Mk. 300) erboten haben, sind mit * bezeichnet. (Vergl. S. 7 u. S. 15.) Die Fenster sind ausgeführt von Herrn Joh. Alb. Lüthi.

Freiherr Moritz von Bethmann*.
Frau Dr. von Brüning*.
Herr Wilhelm B. Bonn und Bernh. Schuster*.
„ Rechtsanwalt Budge.
„ Professor Dr. Cornill in Königsberg.
„ Leo Ellinger.
„ Benedict M. Goldschmidt*.
„ Max B. H. Goldschmidt.
„ Dr. Fritz Hallgarten.
„ Dr. med. Franz Haussmann in Paris.
„ Sanitätsrat Dr. Herxheimer.
„ Dr. med. Gotthold Herxheimer in Greifswald.
„ Ferdinand Hirsch*.
„ Justizrat Dr. Jucho.
„ Dr. Kahn.
„ Amtsrichter Dr. Leser.
„ Generalkonsul Ferd. Leuchs-Mack.

Frau Wilhelm Meister*.
Herr Friedrich Modern*.
„ Wirklicher Geheimer Legationsrat Dr. Mumm von Schwarzenstein in Berlin.
„ Carl Oehler.
„ Rechtsanwalt Dr. Paul Reiß.
„ H. S. Rheinberg.
„ Justizrat Dr. Riesser* in Berlin.
„ Dr. Ernst Roediger.
„ Dr. Paul Roediger.
„ Dr. Fritz Roessler.
„ Heinrich Scherlenzky.
„ Stadtrat Schrader.
„ Dr. med. Rich. Stern.
„ Dr. Carl Sulzbach.
„ Otto Ullmann.
„ Stadtrat Dr. Varrentrapp.
„ Professor Dr. Ziehen in Jena.

Schulnachrichten.

I. Lehrverfassung der Schule.

I. Übersicht über die einzelnen Lehrgegenstände und
A. Im Sommer-Halbjahr 1896.

Lehrgegenstände	Gesamt-stunden-zahl	VI Fr.L.	V (Fr.L.)	IV (Fr.L.)	III 2 (Fr.L.)	III 1b (Fr.L.)	III 1a (Fr.L.)	M. III 1	M. II 2	M. II 1	M. I 2	M. I 1
Religion evangel.	21	3	2	2	2	2	2	2	2	2	2	2
Religion kathol.	7	+1	2			2			2			
Deutsch	36	5	4	4	3	3	3	2	3	3	3	3
Lateinisch	65	—	—	—	10	10	10	7	7	7	7	7
Griechisch	30	—	—	—	—	—	—	6	6	6	6	6
Französisch	36	6	6	6	2	2	2	3	3	2	2	2
Geschichte u. Erdk.	33	2	2	5	3	3	3	3	3	3	3	3
Rechnen u. Mathem.	46	5	5	5	4	4	4	3	4	4	4	4
Naturbeschreibung	12	2	2	2	2	2	2	—	—	—	—	—
Physik	10	—	—	—	—	—	—	2	2	2	2	2
Schreiben	4	2	2	—	—	—	—	—	—	—	—	—
Zeichnen	10	—	2	2	2	2	2	—	—	—	—	—
Zusammen:	310	25	25	26	28	28	28	30	30	29	29	29
Turnen	22	2	2	2	2	2	2	2	2	2	2	2
Singen	7	2	2	1 (1 Chor)		—	—	—	—	1 Chor		
Englisch (facult.)	6	—	—	—	—	—	—	—	—	2	2	2
Hebräisch (facult.)	6	—	—	—	—	—	—	—	—	2	2	2
Zeichnen (facult.)	2	—	—	—	—	—	—	—	2			
Zusammen:	43	—	—	—	—	—	—	—	—	—	—	—
Gesamtsumme:	353	—	—	—	—	—	—	—	—	—	—	—

die für jeden derselben bestimmte Stundenzahl.

B. Im Winter-Halbjahr 1896/7.

Lehrgegenstände	Gesamt-stunden-zahl.	VI (Fr. L.)	V (Fr. L.)	IV (Fr. L.)	III 2 (Fr. L.)	III 1b (Fr. L.)	III 1a (Fr. L.)	M. II 2	M. II 1	M. I 2	M. I 1
Religion evangel. . . .	19	3	2	2	2	2		2	2	2	2
Religion kathol. . . .	7	+1	2			2			2		
Deutsch	34	5	4	4	3	3	3	3	3	3	3
Lateinisch	58	—	—	—	10	10	10	7	7	7	7
Griechisch	24	—	—	—	—	—	—	6	6	6	6
Französisch	33	6	6	6	2	2	2	3	2	2	2
Geschichte und Erdkunde	30	2	2	5	3	3	3	3	3	3	3
Rechnen und Mathematik	43	5	5	5	4	4	4	4	4	4	4
Naturbeschreibung . . .	8	2	2	2	2	—	—	—	—	—	—
Physik	12	—	—	—	—	2	2	2	2	2	2
Schreiben . . .	4	2	2	—	—	—	—	—	—		
Zeichnen	10	—	2	2	2	2	2	—	—	—	—
Zusammen :	282	25	25	26	28	28	28	30	29	29	29
Turnen . . .	30	3	3	3	3	3	3	3	3	3	3
Singen . . .	7	2	2	1 Singen (1 Chor)		—	—		1 Singen 1 Chor		
Englisch (facult). . . .	6	—	—	—	—				2	2	2
Hebräisch (facult.) . .	6	—	—	—	—	—	—		2	2	2
Zeichnen (facult.) . . .	2	—	—	—	—	—	—	2			
Zusammen :	51	—	—	—	—	—	—	—	—	—	—
Gesamtsumme :	333	—	—	—	—	—	—	—	—	—	—

No.	Namen der Lehrer	Ordi-nariat	I 1.	I 2.	II 1	II 2.	III 1 (Fr. L.)	III Ia (Fr. L.)	III Ib. (Fr. L.)	III 2. (Fr. L.)	IV. (Fr. L.)	V. (Fr. L.)	VI. (Fr. L.)	Gesamtzahl der wöchentl. Geschäfts-stunden	Leh
1	Dr. Reinhardt, Direktor	III Ia	2 Griech.					10 Latein							12
2	Gillhausen, Professor	Beur-laubt													(13
3	Dr. Israel-Holtzwart, Professor					4 Math.									4
4	Dr. Römer, Professor	I 2.		7 Latein 4 Griech.			6 Griech. 3 Gesch.								8
5	Hauschild, Professor		2 Religion 2 Hebr.	2 Religion 2 Hebr.	2 Religion 2 Hebr.	2 Religion	2 Religion	2 Religion		2 Religion	2 Religion			2 Biblio-thek	21
6	Dr. Wulff, Professor	III Ib			7 Latein				5 Deutsch 10 Latein						26
7	Dr. Wirth, Oberlehrer	III 2					2 Deutsch 7 Latein		4 Deutsch 10 Latein						2
8	Dr. Bopp, Oberlehrer		4 Math. 2 Physik		4 Math. 2 Physik	2 Physik	4 Math.		4 Math.						22
9	Dr. Banner, Oberlehrer	V.	2 Franz. 2 Englisch	2 Franz. 2 Englisch	2 Franz.		2 Franz.				4 Deutsch 6 Franz.				21
10	Zint, Oberlehrer	Mich. III 1.		4 Math 2 Physik			3 Math. 2 Physik	2 Naturk.	4 Math. 2 Naturk.		5 Math.				3
11	Dr. Fischer, Oberlehrer								2 Naturk.	2 Naturk.	2 Naturk.	2 Naturk.			8
12	Dr. Ziehen, Oberlehrer	VI.			3 Gesch.		5 Deutsch 3 Gesch.		2 Franz.			5 Deutsch 6 Franz.			2
13	Dr. Bölte, Oberlehrer	II 2	3 Deutsch	2 Turnen	2 Englisch	3 Deutsch 5 Latein 3 Turnen		3 Gesch. u. Erdkunde							2
14	Dr. Liermann, wissenschaftl. Hilfslehrer		3 Gesch.			3 Gesch. 6 Griech.				3 Gesch.	5 Gesch. u. Erdkunde	2 Erdk.			2
15	Dr. Aust, wissenschaftl. Hilfslehrer	I 1.	7 Latein 4 Griech.	2 Griech.											1
16	Ankel, wiss. Hilfsl.	II 1			3 Deutsch 6 Griech.										9
17	Temme, wissenschaftl. Hilfslehrer					2 Turnen					2 Turnen	2 Erdk. 2 Turnen			8
18	Dr. Prigge, wissenschaftl. Hilfslehrer	IV.		3 Gesch.		3 Franz.	3 Franz.		2 Franz. 2 Turnen	4 Deutsch 6 Franz.					2
19	Knögel, wiss. Hilfsl.			4 Deutsch						2 Turnen					5
20	Schmidt, ordentl. Lehrer			1 Singen (1 Chor)						1 Singen 1 Chor	2 Religion 5 Rechnen 2 Schreib. 2 Singen	3 Religion 5 Rechnen 2 Schreib. 2 Singen			2
21	Caster, ordentl. Lehrer			2 Zeichnen		2 Zeichnen	2 Zeichnen		2 Zeichnen	2 Zeichnen	2 Zeichnen				
22	Reil, ordentl. Lehrer		2 Turnen		2 Turnen		2 Turnen		2 Turnen						2
23	Fischbach, Kaplan			2 kath. Religion			2 kath. Religion				2 kath. Religion + 1 kath. Relig.				
			29	29	29	30	30	28	28	28	26	25	25	2	35

I 2	II 1	II 2	III 1a (Fr. L.)	III 1b (Fr. L.)	III 2 (Fr. L.)	IV (Fr. L.)	V (Fr. L.)	VI (Fr. L.)		Gesamtzahl der wöchentl. Ge-schäfts-stunden Lehr-stunden
			10 Latein							12
2 Griech.										13
7 Latein 4 Griech.		7 Latein 3 Gesch.								21
2 Religion 2 Hebr.	2 Religion 2 Hebr.	2 Religion	2 Religion		2 Religion	2 Religion			2 Biblio-thek	20
	3 Deutsch 6 Griech.				3 Deutsch 10 Latein					22
		3 Deutsch 6 Griech.			3 Deutsch 10 Latein					22
4 Math. 2 Physik	2 Physik	4 Math. 2 Physik	4 Math.		4 Math.					22
3 Gesch. 2 Franz.						4 Deutsch 6 Franz.				21
	2 Franz.	3 Franz.	2 Franz.	2 Franz.			4 Deutsch 6 Franz.			23
3 Turnen	4 Math.			4 Math. 2 Naturk.	2 Naturk.	2 Naturk.				23
3 Deutsch			3 Deutsch 3 Gesch.		2 Franz.		5 Deutsch 6 Franz.			22
2 Englisch	7 Latein 3 Gesch. 2 Englisch		3 Gesch. u. Erdkunde	3 Gesch. u. Erdkunde	2 Gesch.					22
						3 Erdk. 5 Math. 2 Naturk.	2 Erdk. 2 Naturk.	2 Erdk. 2 Naturk.		18
		3 Turnen		3 Turnen	3 Turnen	4 Turnen	3 Turnen			12
(1 Chor) 1 Singen					1 Chor 1 Singen		2 Religion 5 Rechnen 2 Singen 2 Schreib.	3 Religion 5 Rechnen 2 Schreib. 2 Singen		26
2 Zeichnen 3 Turnen			2 Zeichn. 3 Turnen	2 Zeichn.	2 Zeichn. 3 Turnen	2 Zeichn.	2 Zeichn.	3 Turnen		27
2 kath. Religion			2 kath. Religion			2 kath. Religion		1 kath. Relig.		7
29	29	30	28	28	28	26	25	25	2	333

3. Übersicht über die während des abgelaufenen Schuljahres 1896/97 erledigten Lehraufgaben.

Vorbemerkung. Die Michaelisklassen (M I₁—M III₁) haben den allgemeinen Lehrplan, die Osterklassen (III₁—VI) den Frankfurter Lehrplan. Bei den Michaelis-Klassen fällt die zweite Kursushälfte in das Sommerhalbjahr, die erste Kursushälfte in das Winterhalbjahr.

Michaelis-Oberprima. Klassenlehrer: Professor Gillhausen.

Religionslehre: a) Evangelische: Im Sommerhalbjahr (2. Kursushälfte): Römerbrief; Ergänzungen zur Glaubenslehre und Kirchengeschichte. Im Winterhalbjahr (1. Kursushälfte): Die Entwicklung der römisch-katholischen Kirche. Entstehung, Bau, Einteilung und Inhalt der Augsburger Confession. 2 St. Hauschild. — b) Katholische: Glaubenslehre nach dem Lehrbuch von Wedewer. 2 St. Fischbach, seit Januar: Raab.

Deutsch: Im Sommerhalbjahr (2. Kursushälfte): Shakespeares Heinrich VI. 3; Goethes Gedichte der ersten weimarischen Periode. Clavigo, Egmont, Iphigenie, Faust; Euripides' Iphigenie bei d. T.; Goethes Leben bis zur Rückkehr aus Italien, Schillers Jugend. Übungen im Disponieren. Wöchentlich ein freier Vortrag über ein selbstgewähltes Thema aus der deutschen Litteraturgeschichte. 3 St. Bölte. — Im Winter (1. Kursushälfte): Schillers Braut von Messina. Goethes Iphigenie, Tasso. Goethes und Schillers Leben und Werke bis 1788. Privatlektüre: Räuber, Fiesko. Einzelne Abschnitte aus Wahrheit und Dichtung. Die Jugenddichtungen Goethes. Die Chöre der Braut von Messina und verschiedene Stellen der Goethischen Iphigenie wurden auswendig gelernt. Freie Vorträge. 3 St. Schwemer.

Aufsätze: Im Sommer: 1. Ist Mercks Urteil über Goethes Clavigo berechtigt? (Klassenaufsatz). 2. Ein unnütz Leben ist ein früher Tod. 3. Mit welchem Recht verweigert die Geschichte Napoleon I. den Beinamen „der Große"? 4. In welchen Hauptpunkten weicht die Goethische Iphigenie von der Euripideischen ab? (Prüfungsaufsatz). Im Winter: 1. Wie wird Karl Moor zum Räuber? 2. Kl.-Arb.: a) Welche Beiträge zur Kenntnis des römischen Soldatentums sind der Schilderung des Tacitus von der Soldatenmeuterei zu entnehmen? b) Der Chor der Braut von Messina: „Wohl dem, selig muß ich ihn preisen". 3. Die Hauptunterschiede der Goethischen und Euripideischen Iphigenie. 4. Die Heilung des Orest.

Lateinisch: Im Sommerhalbjahr (2. Kursushälfte): Cic. Phil. I. u. II. bis § 41; Liv. XXII. (teilweise), kursorisch; Tac. Germania; Hor. C. I—IV repetiert; Epod. u. Satir. mit Auswahl. 5 St. Aust. — Im Winterhalbjahr (1. Kursushälfte): Tacitus, Ann. I. II einzelne Ausschnitte. Germania. Hor. c. II—IV wiederholt. Epod.; Sat. 1 und Epist. 1 mit Auswahl. 5 St. Gillhausen. — Alle 14 Tage eine Übersetzung ins Lateinische abwechselnd als Klassen- und als Hausarbeit; alle 6 Wochen eine Übersetzung aus dem Lateinischen ins Deutsche; grammatisch-stilistische Übungen und Wiederholungen zur Erweiterung und Befestigung des grammatischen Wissens. 2 St. Im Sommer Aust, im Winter Gillhausen.

Griechisch: Im Sommerhalbjahr (2. Kursushälfte:) Plato, Euthyphro. Demosthenes, Phil. II (teilweise), Olynth. I. III. 4 St. Aust. Sophokles' Antigone. 2 St. Reinhardt. — Im Winterhalbjahr (1. Kursushälfte): Thucyd. I mit einigen Auslassungen. Plato, Euthyphro. Alle vier Wochen eine Übersetzung aus dem Griechischen ins Deutsche. 4 St. Gillhausen. Homer, Ilias XI. XV. 667—702, XVI. Sophokles' Electra, v. 1—1057. 2 St. Reinhardt.

Französisch: Im Sommer (2. Kursushälfte): Schriftliche Übungen durch Diktate, Übersetzungen aus dem Französischen ins Deutsche und freie Wiedergabe des Gelesenen. Lektüre: Augier et Sandeau. le Gendre de M. Poirier. Molière, les Femmes savantes. Französische Verslehre. Sprach- und litteraturgeschichtliche Erläuterungen bei Gelegenheit der Lektüre. Sprechübungen. — Im Winter (1. Kursushälfte): Schriftliche Übungen wie oben. Gelesen: Béranger, Chansons. Molière, l'Avare. Mirabeau, Discours. Choix de Poésies modernes. Übersicht über die Geschichte der französischen Litteratur bis auf Ludwig XIV. 2 St. Banner.

Englisch: Im Sommer (2. Kursushälfte): Gelesen: Shakspeare, Julius Caesar. Wilkie Collins, After Dark. — Im Winter (1. Kursushälfte): Macaulay, England before the Restoration, 2. Teil. Shakspeare, The Merchant of Venice. Mark Twain, A Tramp abroad. Schriftliche und mündliche Übungen. 2 St. Banner.

Hebräisch: Im Sommer (2. Kursushälfte): Wiederholungen und Erweiterungen zur Formenlehre und Syntax nach Seffer 9. Aufl. Lektüre von Genesis XII ff. Schriftliche Übungen monatlich. Im Winter (1. Kursushälfte): Abschluß der Grammatik nach Seffer 9. Aufl. Lektüre sämtlicher Übungs- und einiger Lesestücke von § 72 an. 2 St. Hanschild.

Geschichte: Im Sommer (2. Kursushälfte): Europäische Geschichte bis zum deutsch-französischen Kriege. 3 St. Liermann. — Im Winter (1. Kursushälfte): Die wichtigsten Begebenheiten der Neuzeit von 1555 bis zu dem Zeitalter der französischen Revolution. 3 St. Schwemer.

Mathematik: Im Sommer (2. Kursushälfte): Wiederholungen des Pensums der früheren Klassen an Übungsaufgaben. Anwendung des binomischen Lehrsatzes auf Maxima und Minima, auf numerische Gleichungen u. s. w. Grundlehre von den Kegelschnitten. Einiges aus der sphärischen Trigonometrie. 4 St. Bopp. — Im Winter (1. Kursushälfte): Die Koordinatenbegriffe und einige Grundlehren von den Kegelschnitten: Binomischer Lehrsatz nebst Anwendungen. Wiederholungen des Pensums der früheren Klassen an Übungsaufgaben. 4 St. Zint.

Aufgaben für die Entlassungsprüfung. Michaelis 1896. 1. Ein Kapital war in 8 Jahren auf 40 274 M.. In 12 Jahren auf 46 004 M. durch Zinseszins angewachsen; zu welchem Zinsfuß stand das Geld aus und zu welchem Betrage wäre es in 20 Jahren angewachsen? 2. In einen gegebenen Halbkreis soll ein Rechteck von möglichst großem Umfang gezeichnet werden. 3. Ein Dreieck aufzulösen aus a + b + c = 420 cm, p = 36 cm a = 81° 12' 10". 4. Einer Kugel von gegebenem Radius r = 4.8 cm soll ein Cylinder einbeschrieben werden, dessen Mantel 48⁰¹, der Kugeloberfläche gleichkommt. Wie groß muß der Radius und die Höhe des Cylinders ausfallen? Wie groß ist endlich das Volumen eines vier beiden abgeschnittenen Kugelsegmente? Bopp.

Aufgaben für die Entlassungsprüfung, Ostern 1897: 1. Die Bevölkerung eines Staates beträgt 34 Millionen Einwohner und vermehrt sich so, daß sie sich in 192 Jahren verdoppeln würde; es wandern aber jährlich 40 000 Menschen aus. Wie groß wird die Einwohnerzahl nach 36 Jahren sein? 2. Die Gleichung einer Ellipse ist:

$$\frac{x^2}{16} + \frac{y^2}{9} = 1.$$

Es soll in dem Punkt der Ellipse, dessen Abscisse = 3,5 ist, die Tangente construiert, die Gleichung der Tangente aufgestellt und der Winkel berechnet werden, den sie mit der x - Achse bildet. 3. In einem Parallettrapez kennt man die parallelen Seiten a = 10 m, b = 7 m, an der längeren Parallelen einen Winkel α = 37° 15′ und den Flächeninhalt J = 71 qm. Wie groß sind die übrigen Seiten und Winkel des Parallettrapezes? 4. In einem Kegel ist ein Cylinder von möglichst großem Volumen einbeschrieben. Der Radius des Grundkreises des Kegels ist gleich 6 cm., die Höhe gleich 16 cm. Wie groß ist das Volumen und der Mantel des Cylinders? Zint.

Physik: Im Sommer (2. Kursushälfte): Optik. Einiges aus der Astronomie. Wiederholungen aus dem ganzen Gebiete. 2 St. Bopp. — Im Winter (1. Kursushälfte): Optik. 2 St. Zint.

Michaelis-Unterprima. Klassenlehrer: Professor Dr. Roemer.

Religionslehre: a) Evangelische: Im Sommer (2. Kursushälfte): Geschichte der Kirche im Mittelalter. Lektüre und Erklärung ausgewählter Stücke aus dem Johannes-Evangelium. — Im Winter (1. Kursushälfte): Lektüre der, Apostelgeschichte beendet. Das apostolische Zeitalter. Das Judenchristentum. Pauli Auffassung von Person und Werk Christi. Im Anschluß hieran Lektüre entsprechender Abschnitte aus den epistolischen Schriften des n. T. Alte Kirchengeschichte. 2 St. Hauschild. — b) Katholische: mit 1 ı.

Deutsch: Im Sommer (2. Kursushälfte): Lessings Leben und Schriften. Laokoon. Hamburgische Dramaturgie. Aufsatzlehre, Dispositionsübungen. Knögel. 3 St. — Im Winter (1. Kursushälfte): Die deutsche Litteratur von Klopstock bis Lessing. Ausgewählte Oden und Stücke des Messias von Klopstock Lessing: Laokoon; Emilia Galotti. Privatlektüre: Dramen von Shakespeare, Sophokles. Lessing, Kleist. Übungen im freien Vortrag. Dispositionsübungen. 3 St. Ziehen.

Aufsätze: Im Sommer: 1. a) Große glücklich bestandene Gefahren sind eine Wohlthat für die Völker. b) Die Vorteile der geographischen Lage von Frankfurt a. M. 2. Lessings Kritik der Einwände Voltaires gegen Th. Corneilles „Graf von Essex" und ihr positives Ergebnis. 3. Nicht der ist auf der Welt verwaist, Dem Vater und Mutter gestorben, Sondern der für Herz und Geist Keine Liebe, kein Wissen erworben. (Rückert.) 4. Die Fabel der Emilia Galotti (Klassenaufsatz). Im Winter: 1. Laokoon. 2. In welcher Weise spiegelt sich die Zeitgeschichte in Schubarts Gedichten wieder? 3. Eintracht trägt ein. 4. Claudia Galotti.

Lateinisch: Im Sommer (2. Kursushälfte): Tac. Hist. I. 71—90; Cic. Briefe (Ausg. v. Aly) mit Auswahl; als Privatlektüre Liv. XXII mit Auswahl; Horaz Carm. III u. IV mit Auswahl, carm. saec. u. Sat. I. 1. u. 3. — Im Winter (1. Kursushälfte): Tac. Hist. I und als Privatlektüre Abschnitte aus Caes. bell. civ. III. Übungen im unvorbereiteten Übersetzen, Auswendiglernen einzelner Stellen aus Horaz. Ableitung notwendiger stilistischer Regeln und synonymischer Begriffe, soweit die Lektüre dazu Veranlassung bot. 5 St. Alle 14 Tage eine Übersetzung ins Lateinische im Anschluß an die Lektüre abwechselnd als Klassen- und Hausarbeit, daneben alle 6 Wochen eine Übersetzung ins Deutsche als Klassenarbeit. Grammatische und stilistische Wiederholungen. 2 St. Roemer.

Griechisch: Im Sommer (2. Kursushälfte): Thucyd. VI. 1 — 98. — Im Winter (1. Kursushälfte): Platons Apologie und Kriton. Schriftliche Übersetzungen aus dem Griechischen. Gelegentliche Wiederholungen aus der Grammatik. 4 St. Roemer. — Im Sommer: Soph.

Oed. B. 2 St. Aust. — Im Winter: Homer Ilias I, II (1—483), (III. IV 1—250 Privatlektüre, kursorisch). Soph., Antig. angefangen. Auswendiglernen geeigneter Dichterstellen. 2 St. Gillhausen.

Französisch: Im Sommer (2. Kursushälfte): Schriftliche Übungen in Form von freien Wiedergaben, Übersetzungen aus dem Französischen und Diktaten. Lektüre: Molière, les Femmes savantes. Scribe, le Diplomate. Michaud, Histoire des croisades. 2 St. Banner. — Im Winter (1. Kursushälfte): Molière. Femmes Savantes. Scribe, le Diplomate. Augier, le Gendre de Ms. Poirier. Schriftliche Übungen wie oben. Sprechübungen. 2 St. Schwemer.

Englisch: Im Sommer (2. Kursushälfte): Gelesen: Macaulay, England before the Restoration, 1. Teil. Collection of Tales and Sketches. 2 St. Banner. — Im Winter (1. Kursushälfte): Gelesen: Macauley. Lord Clive; Byron, Childe Harold, Canto I. Mündliche Wiedergaben und Sprechübungen. Grammatische Übungen, mündlich und schriftlich, im Anschluß an Tendering 2 St. Bölte.

Hebräisch: Im Sommer (2. Kursushälfte): Grammatik nach Seffer (9. Aufl.) §§ 57—72 mit sämtlichen hebräischen Übungsstücken Lektüre historischer Lesestücke. — Im Winter (1. Kursushälfte): Grammatik nach Seffer (9. Aufl.), §§ 37—72 mit sämtlichen hebräischen Übungsstücken. 2 St. Hauschild.

Geschichte: Im Sommer (2. Kursushälfte): Europäische Geschichte 1250—1555. 3 St. Prigge. — Im Winter (1. Kursushälfte: Europäische Geschichte von Augustus bis zum Ende der Hohenstaufen. 3 St. Schwemer.

Mathematik: Im Sommer (2. Kursushälfte): Wiederholungen des arithmetischen und trigonometrischen Pensums der früheren Klassen an Übungsaufgaben. Erweiterung und Abschluß der Stereometrie. Reguläre Körper. 4 St. Zint. — Im Winter (1. Kursushälfte): Wiederholungen des Pensums der früheren Klassen an Übungsaufgaben. Anwendung der Zinseszins- und Renten-Rechnung. Vervollständigung der Trigonometrie. Stereometrie. 4 St. Bopp.

Physik: Im Sommer (2. Kursushälfte): Wärme, Mechanik. 2 St. Zint. — Im Winter (1. Kursushälfte): Repetitionen Wärme, Mechanik begonnen. 2 St. Bopp.

Michaelis-Obersekunda. Klassenlehrer: Im Sommer: Aukel. Im Winter: Oberlehrer Dr. Bölte.

Religionslehre: a) Evangelische: Im Sommer (2. Kursushälfte): Erklärung der Apostelgeschichte mit Lesung von entsprechenden Abschnitten aus Pauli Episteln. Gelegentliche Wiederholung gelernter Sprüche und Lieder. — Im Winter (1. Kursushälfte): Einteilung und Gliederung der Apostelgeschichte. Gründung und Geschichte der christlichen Kirche im Anschluß an die Lektüre von Apostelgeschichte 1—15. Wiederholungen. 2 St. Hauschild. — b) Katholische: mit I₁.

Deutsch: Im Sommer (2. Kursushälfte): Einführung in die mhd. Lyrik (bes. Walter von der Vogelweide) in Auswahl (Sammlung Göschen). Ausblick auf das höfische Epos. Erklärung von Schillers Spaziergang. Goethes Egmont. Privatlektüre: Hebbels Nibelungen.

Freie Vorträge und deklamatorische Übungen. 3 St. Ankel. — Im Winter (1. Kursushälfte): Schillers Wallenstein und Goethes Egmont. Schillers Spaziergang wurde erklärt und memoriert. Das Wichtigste aus Schillers und Goethes Leben. Freie Vorträge. Privatlektüre: Uhlands Ludwig der Bayer und Shakespeares Macbeth (übers. von Schiller). 3 St. Wulff.

Aufsätze: Im Sommer (2. Kursushälfte): 5. Belsazar (von Heine) und das Glück von Edenhall (von Uhland); ein Vergleich. 6. Scipios Rede vor der Schlacht am Ticinus. 7. Welche Rolle spielt Octavian in der römischen Geschichte bis zum Abschluß des Triumvirats? (Klassenaufsatz.) 8. Drei Blicke thu zu deinem Glück, schau aufwärts, vorwärts, schau zurück! Ankel. — Im Winter (1. Kursushälfte): 1. a) Omnia mea mecum porto. b) Invidia Siculi non invenere tyranni Maius tormentum. 2. a) Wie schildert Homer den Polyphem? b) Welche Eigenschaften zeigt Odysseus im neunten Gesange der Odyssee? 3. (Klassenaufsatz): a) Der Gedankengang in Schillers Spaziergang. b) Welche Bedeutung hat in Schillers Wallenstein die Gefangennahme Sesins für die Entwickelung der Handlung? c) Gang der Handlung im zweiten Akt von Wallensteins Tod. 4. a) Der Friede des Antalkidas. b) Die Exposition in Goethes Egmont. Wulff.

Lateinisch: Im Sommer (2. Kursushälfte): Lektüre: Liv. XXI und XXII angefangen. Horaz' Oden I mit Auswahl. Einzelne Oden wurden auswendig gelernt. 5 St. Grammatik 2 St. (wie nuten). Wulff. — Im Winter (1. Kursushälfte): Lektüre: Cic. in Catil. I—IV. Vergil Aen. II 559—Schluß. VI. (Auswahl nach Lange). Stellen aus Vergil wurden auswendig gelernt. Gelegentlich wurden aus dem Geleseneu stilistische Regeln und synonymische Unterscheidungen abgeleitet. 5 St. Grammatik: Wiederholungen und Ergänzungen. Alle 14 Tage eine schriftliche Übersetzung ins Lateinische, abwechselnd als Klassen- und Hausarbeit, daneben gelegentlich eine Übersetzung ins Deutsche als Klassenarbeit. 2 St. Bölte.

Griechisch: Im Sommer (2. Kursushälfte): Herodot VI u. VII mit Auswahl; Hom., Odyss. Buch XVIII—XXIII. 5 St. Schriftliche Übungen im Übersetzen aus dem Griechischen alle 4 Wochen als Klassenarbeit. Abschluß der Grammatik. 1 St. Ankel. — Im Winter (1. Kursushälfte): Lektüre: Xen. Hell III—V mit Auswahl. Hom. Odyss. IX—XIII. 5 St. Schriftliche Übungen im Übersetzen aus dem Griechischen: alle 4 Wochen eine Klassenarbeit. In der Grammatik: Moduslehre; zur Übung kleine Hausarbeiten. 1 St. Wulff.

Französisch: Im Sommer (2. Kursushälfte): Gelesen: Coppée, les vrais Riches, 2 Erzählungen. Molière, le Malade imaginaire. Racine, Britannicus. Französische Verslehre. — Im Winter (1. Kursushälfte): Gelesen: Daudet. Lettres de mon moulin. Molière, le Malade imaginaire. Mündliche und schriftliche Übungen im Anschluß an die Lektüre. Diktate. Freie Wiedergaben. Schriftliche Übersetzungen aus dem Französischen. Sprechübungen. 2 St. Banner.

Englisch: Im Sommer (2. Kursushälfte): Gelesen: Klapperich. Tales and Stories from Modern Writers. Sprechübungen. mündliches und schriftliches Übersetzen ins Englische nach Tendering. — Im Winter (1. Kursushälfte): Lautlehre, vorbereitende Kurse, Formenlehre nach Tendering, mündliches und schriftliches Übersetzen ins Englische. Sprechübungen. 2 St. Bölte.

Hebräisch: Im Sommer (2. Kursushälfte): Grammatik nach Seffer (9. Aufl) §§ 18—37 mit sämtlichen hebräischen Übungsstücken. — Im Winter (1. Kursushälfte): Grammatik nach Seffer (9. Aufl.) §§ 1-20 mit sämtlichen hebräischen Übungsstücken. 2 St. Hauschild.

Geschichte: Im Sommer (2. Kursushälfte): Römische Geschichte bis zum Beginn des Kaisertums. 3 St. Ziehen. — Im Winter (1. Kursushälfte): Griechische Geschichte bis zur Diadochenzeit. Römische Geschichte bis 366 v. Chr. 3 St. Bölte.

Mathematik: Im Sommer (2. Kursushälfte): Übungen in logarithmischen Rechnungen. Gleichungen. Arithmetische und geometrische Reihen erster Ordnung. Zinseszins-Rechnungen. Abschluß der Planimetrie. Ebene Trigonometrie nebst Übungen im Berechnen von Dreiecken, Vierecken und regelmäßigen Figuren. 4 St. Bopp. — Im Winter (1. Kursushälfte): Arithmetische und geometrische Reihen, Zinseszinsrechnung; Gleichungen IV. Grades, die sich auf II. Grad reduzieren lassen. Ähnlichkeitslehre. Ebene Trigonometrie: das unregelmäßige Dreieck. 4 St. Zint.

Physik: Im Sommer (2. Kursushälfte): Wärme. 2 St. — Im Winter (1. Kursushälfte): Wärme. 2 St. Bopp.

Michaelis-Untersekunda. Klassenlehrer: Im Sommer: Oberlehrer Dr. Bölte. Im Winter: Oberlehrer Dr. Bopp.

Religionslehre: a) Evangelische. Im Sommer (2. Kursushälfte): Lektüre des Matthäus-Evangeliums. Wiederholung des Katechismus und Aufzeigung seiner inneren Gliederung, sowie der biblischen Begründung seiner Erklärung. Wiederholung von Sprüchen und Liedern. — Im Winter (1. Kursushälfte): Ergänzende Besprechung der Bibelkunde. Wiederholung von Hauptstücken, Sprüchen, Liedern und Psalmen. Reformationsgeschichte. 2 St. Hauschild. — b) Katholische. Glaubenslehre nach dem Handbuch von König. Charakterbilder aus der Kirchengeschichte. 2 St. Fischbach, seit Januar: Raab.

Deutsch: Im Sommer (2. Kursushälfte): Lektüre: Goethes Götz von Berlichingen. Schillers Jungfrau von Orleans. Auswendiglernen von Dichterstellen. Freie Vorträge. Übungen im Disponieren. Bölte. — Im Winter (1. Kursushälfte): Lektüre: Schillers Jungfrau von Orleans und Maria Stuart; Auswahl aus Schillers Gedichten. Freie Vorträge. Übungen im Disponieren. 3 St. Wirth.

Aufsätze: Im Sommer: 1. Der Kampf um die Unterschrift im 4. Akt von Schillers Maria Stuart. 2. a) Selbitz, Lerse, Georg in Goethes Goetz von Berlichingen. b) Weiblingens Abfall im 2. Akt des Goetz von Berlichingen. 3. Die Lage Frankreichs beim Auftreten der Jungfrau von Orleans. 4. Der Gang der Handlung im 2. Akt der Jungfrau von Orleans (Prüfungsaufsatz). — Im Winter: 1. Der Prolog zur Jungfrau von Orleans. 2. Wie erfüllt die Jungfrau von Orleans ihre Aufgabe? 3. Die Thätigkeit des Labienus als Legat Cäsars. 4. Zwei Wahlsprüche (Nach einer Erzählung von Souvestre). 5. Napoleons Zug nach Rußland (Prüfungsarbeit).

Lateinisch: Im Sommer (2. Kursushälfte): Livius XXI, 31—Schluß mit Auswahl. Gelegentliche Ableitungen stilistischer Regeln und synonymischer Unterscheidungen. Regelmäßige Übungen im unvorbereiteten Übersetzen. Verg. Aen. II, 1—558. Auswendiglernen einzelner Stellen. 4 St. Grammatik: Wiederholungen und Ergänzungen. Alle acht Tage eine Übersetzung ins Lateinische als Klassenarbeit oder als häusliche Arbeit; gelegentlich eine schriftliche Übersetzung ins Deutsche. 3 St. Bölte. — Im Winter (1. Kursushälfte): Lektüre: Sall. de bell. Iug. 1—70. Gelegentliche Ableitungen stilistischer Regeln und synonymischer Unterscheidungen. Übungen im unvorbereiteten Übersetzen. Verg. Aen. 1.

Auswendiglernen einzelner Stellen. 4 St. Grammatik: Wiederholnngen nnd Ergänzungen. Alle acht Tage eine Übersetzung in das Lateinische als Klassenarbeit oder häusliche Arbeit. 3 St. Römer.

Griechisch: Im Sommer (2. Kursushälfte): Lektüre: Hom. Od. IX 401—X 348. Xen. Hell. II. 4 St. Grammatik: Die notwendigsten Hauptregeln der Tempus- und Moduslehre. Alle 8—14 Tage eine Klassen- oder Hausarbeit. 2 St. Liermann. — Im Winter (1. Kursushälfte): Xen. Anab. III. IV. Hom. Od. I. V. u. VI. 4 St. Wiederholung der Formenlehre. Alle 8—14 Tage eine Klassen- oder Hausarbeit. Koch § 80—85. 2 St. Wirth.

Französisch: Im Sommer (2. Kursushälfte): Plötz. Durchnahme von Lekt. 50—57; Mündliche und schriftliche Übungen. Repetition früherer Pensen. Lektüre: Thiers, Expédition en Egypte. 3 St. Prigge. — Im Winter (1. Kursushälfte): Wiederholung der unregelmäßigen Verben und mehrerer Lektionen im Plötz. Neu: Plötz. Lektion 39—50. Mündliche und schriftliche Übungen. Alle 14 Tage ein Extemporale. Gelesen: Molière, l'Avare zu Ende. Souvestre, au Coin du feu. Lafoutaine, Fabeln. Französische Verslehre. 3 St. Banner.

Geschichte und Erdkunde: Im Sommer (2. Kursushälfte): Deutsche und preußische Geschichte bis 1888. Wiederholung der physikalischen und politischen Erdkunde des nördlichen und östlichen Europas. 3 St. Roemer (Temme). — Im Winter (1. Kursushälfte): Deutsche und preußische Geschichte von 1740 bis 1815. Wiederholung der Erdkunde der südeuropäischen Halbinseln Frankreichs, Rußlands und Skandinaviens (Kartenskizzen). Roemer (Ziehen II).

Mathematik: Im Sommer (2. Kursushälfte): Stereometrische Hilfssätze. Berechnung von Kantenlängen, Oberflächen und Rauminhalten. Wiederholung der ersten Kursushälfte. 4 St. Israel-Holtzwart. — Im Winter (1. Kursushälfte): Quadratische Gleichungen. Allgemeine Potenzlehre. Logarithmen Kreisrechnung. Anfangsgründe der ebenen Trigonometrie. 4 St. Bopp.

Physik: Im Sommer (2. Kursushälfte): Die wichtigsten chemischen Erscheinungen. Im Winter (1. Kursushälfte): Vorbereitender Lehrgang: Magnetismus, Elektrizität, Akustik, einige einfache Abschnitte aus der Optik. 2 St. Bopp.

Michaelis-Obertertia. Klassenlehrer: Im Sommer: Oberlehrer Zint. (Ging Michaelis 1896 ein).

Religion: a) Evangelische: Im Sommer (2. Kursushälfte): Das Reich Gottes im neuen Testamente: Lesung evangelischer Abschnitte, eingehend die Bergpredigt und die wichtigsten Gleichnisse. Im Anschluß hieran Wiederholung der gelernten Lieder, Psalmen, Sprüche und Hauptstücke des Katechismus. — b) Katholische mit II₁.

Deutsch: Im Sommer (2. Kursushälfte): Schillers Tell. Ausgewählte Prosa. Freie Vorträge und Deklamationen. Monatlich ein Aufsatz 2 St. Wirth (Bellgard).

Lateinisch: Im Sommer (2. Kursushälfte): Lektüre; Caes. bell. gall. VII. 4 St. Curtius Rufns B. III. Auswahl aus Ovid (Siebelis). Grammatik: Tempus- und Moduslehre. Alle 8 Tage eine schriftliche Übersetzung ins Lateinische als Klassenarbeit im Anschluß an Gelesenes. 3 St. Wirth.

31

Griechisch: Im Sommer (2. Kursushälfte): Beendigung der Formenlehre nach der Grammatik von Römer und dem Lesebuch von Wetzel. Xenoph., Anabasis T. 6. 1. — III. 1. 20. 6 St. Römer.

Französisch: Im Sommer (2. Kursushälfte): Plötz, Lektion 15—32. Schriftliche und mündliche Übersetzungen. Gelesen: Erckmann-Chatrian, Le conscrit de 1813. Molière, l'Avare I—III. Sprechübungen. 3 St. Prigge.

Geschichte: Im Sommer (2. Kursushälfte): Deutsche Geschichte von 1618 bis zum Regierungsantritt Friedrichs des Großen, insbesondere brandenburgisch-preußische Geschichte. 2 St. Römer.

Erdkunde: Im Sommer (2. Kursushälfte): Physikalische Erdkunde Deutschlands beendigt und Erdkunde der deutschen Kolonien. Wiederholungen. Entwerfen von Kartenskizzen. 1 St. Römer.

Mathematik: Im Sommer (2. Kursushälfte): a) Arithmetik: Gleichungen des ersten Grades mit einer und mehreren Unbekannten. Potenzen mit ganzen positiven Exponenten. b) Planimetrie: Pythagoras. Berechnung der Fläche geradliniger Figuren. Anfangsgründe der Ähnlichkeitslehre. Konstruktionsaufgaben. Zint.

Naturbeschreibung: Im Sommer: (2. Kursushälfte): Mechanische Erscheinungen. Das Wichtigste aus der Wärmelehre. Zint.

Oster-Obertertia. Frankfurter Lehrplan. Klassenlehrer: Abt. a.: der Direktor. Abt. b.: Prof. Dr. Wulff.

Religionslehre: a) Evangelische: Reich Gottes im N. T. Wiederholung und Erlernung von Sprüchen, Liedern und Hauptstücken. Luthers und Melanchthons Leben bis 1530. 2 St. Hauschild. — b) Katholische komb. mit II.

Deutsch: Schillers Balladen, geschichtliche Epigramme, Glocke. Tell und Jungfrau von Orleans; Körners Zriny; Abschnitte aus Palleske; Schillers Leben. Übungen im freien Vortrag. Ausgewählte Stücke aus der Lektüre wurden memoriert, früher auswendig gelernte Gedichte wiederholt. Das Wichtigste aus der deutschen Metrik. Durchschnittlich monatlich ein Aufsatz. Zieben. Wulff.

Lateinisch: Lektüre: Caesar bell. Gall. I—VI. Anhang von Wulffs Lesebuch (ausgewählte Abschnitte aus Phaedrus und Ovid); aus Ovids Metamorphosen (nach der Auswahl von Meuser-Egen): lib. I, 1—150 (Einleitung, die Schöpfung, die vier Zeitalter); v. 253—415 (das Diluvium); lib. VIII v. 183—259 (Dädalus und Ikarus); v. 611—724 (Philemou und Baucis). 6 St. Grammatik: Repetition der Formenlehre und der in Untertertia gelernten Vokabeln. Aus der Satzlehre von Reinhardt wurde die Lehre von den Teilen des Satzes § 1—145 nach den in der Vorrede zu dieser Satzlehre dargelegten Grundsätzen systematisch durchgenommen; die Hauptlehren von den Arten des einfachen Satzes und vom zusammengesetzten Satze wurden im Anschluß an die Lektüre propädeutisch behandelt. Aus dem Übungsbuch von Ostermann-Müller (IV. Teil: Tertia) wurden die Stücke 1 bis 99 zum größten Teil, die Stücke 111 bis 203 sämtlich übersetzt (meist mündlich, zum Teil auch schriftlich). Wöchentlich eine Klassenarbeit und eine Hausarbeit. 4 St. Reinhardt. Wulff.

32

Französisch: Grammatik: Banner, Satzlehre § 80—96 und § 169—141. Formenlehre wiederholt. Lektüre: Thierry, Histoire de la conquête de l'Angleterre par les Normands. Molière, le Malade imaginaire. Daudet, le petit Chose. Französische Inhaltsangaben und Gespräche über das Gelesene. Alle 14 Tage eine schriftliche Übung im Anschluß an die Grammatik oder die Lektüre. 2 St. Banner, Prigge.

Geschichte: Deutsche Geschichte von der Reformationszeit bis zum Ausbruch des siebenjährigen Krieges. Beständige Wiederholungen aus früheren Abschnitten. 2 St. Ziehen Bölte.

Erdkunde: Wiederholung und Ergänzung der früheren Pensen. 1 St. Ziehen. Bölte.

Mathematik: a) Arithmetik: Gleichungen II. Grades: Anwendungen der Gleichungen auf Text-Aufgaben. Potenzen, Logarithmen. b) Planimetrie: Die einfacheren Sätze der Ähnlichkeitslehre; Kreisberechnung. Konstruktionen: Grundaufgaben, geometrische Örter, geometrische Analysis. 4 St. Bopp. Zint.

Naturbeschreibung: Im Sommer: Anthropologie mit Hinweisen auf die Pflege der Gesundheit und mit Vergleichungen über den Bau der Wirbeltiere. Lehrbücher: Schilling. Grundriß I. Noll, Naturgeschichte des Menschen. — Im Winter: Mechanische Erscheinungen. Das Wichtigste aus der Wärmelehre. 2 St. Zint.

Zeichnen: Plastische Ornamente mit Licht- und Schattenwirkung in Bleistift- und Kreideausführung. 2 St. Im Sommer: Caster, im Winter: Thielmann.

Oster-Untertertia. Frankfurter Lehrplan. Klassenlehrer: Oberlehrer Dr. Wirth.

Religionslehre: a) Evangelische: Das Kirchenjahr und der Gemeindegottesdienst. Hierzu die entsprechenden alttestamentlichen Parallelen. Das Reich Gottes im Alten Testamente mit Lektüre historischer und prophetischer Abschnitte. Wiederholung bezw. Erlernung von Hauptstücken. Psalmen, Liedern und Sprüchen. 2 St. — Hauschild. b) Katholische: Komb. mit II.

Deutsch: Ausgewählte Stücke aus Hopf und Paulsiek für Untertertia wurden gelesen, besprochen und z. T. auswendig gelernt (mit besonderer Berücksichtigung Uhlands). Uhlands Ernst von Schwaben und Ludwig der Bayer. Das Wichtigste aus der deutschen Verslehre. Übungen im freien Wiedererzählen. Alle zwei bis drei Wochen eine schriftliche Hausoder Klassenarbeit. 3 St. Wirth.

Lateinisch: Die regelmäßige und unregelmäßige Formenlehre nach dem lateinischen Lesebuch für den Anfangsunterricht reiferer Schüler von Wulff-Perthes. Die sämtlichen Stücke nebst den zugehörigen Teilen der Wortkunde und der Formenlehre von Perthes-Gillhausen. Ausgabe B. wurden durchgenommen, ebenso die syntaktischen Zusammenstellungen der Wortkunde. Durch Retrovertieren und vielfaches Umbilden der Sätze wurde das Übersetzen aus dem Deutschen ins Lateinische mündlich und schriftlich geübt. Fortwährend Deklinier- und Konjugierübungen. Jede Woche eine schriftliche häusliche Arbeit und eine Klassenarbeit. 10 St. Wirth.

Französisch: Gelesen Erckmann-Chatrian, hist. d'un conscrit de 1813 und Hérisson, Journal d'un off. d'ord., im Anschluß daran Sprechübungen. Banner, Franz. Satzlehre, mit Auswahl durchgenommen und die entsprechenden Übungen aus dem „Deutschen Übersetzungsstoff" von Banner teils mündlich, teils schriftlich übersetzt. Wiederholung der Formenlehre. Alle 14 Tage eine schriftliche Arbeit. 2 St. Ziehen.

Geschichte: Deutsche Geschichte bis zur Reformation. Beständige Wiederholungen aus früheren Abschnitten. 2 St. Im Sommer: Liermann; im Winter: Bölte.

Erdkunde: Afrika, Australien, Amerika. Politische Erdkunde von Deutschland. Übungen im Kartenzeichnen. 1 St. Im Sommer: Liermann; im Winter: Bölte.

Mathematik: a) Arithmetik: Übungen in der Bruchlehre. Gleichungen ersten Grades mit einer und mehreren Unbekannten nebst Anwendungen auf Text-Aufgaben. Quadrat-Wurzel-Ausziehen. Partialdivision. Potenzen mit positiven ganzzahligen Exponenten. b) Planimetrie: Flächengleichheit und Flächenberechnung geradliniger Figuren. Einfache Teilungs- und Verwandlungs-Aufgaben. Einige leichte Beweise des Pythagoras. Anwendungen des Pythagoras. Übungen. 4 St. Bopp. Zint.

Naturkunde: Schwierigere Pflanzenarten zur Ergänzung der Erkenntnisse in Formenlehre, Systematik und Biologie. Besprechung der wichtigsten ausländischen Nutzpflanzen. Einiges aus der Anatomie und Physiologie der Pflanzen sowie über Kryptogamen und Pflanzenkrankheiten. Überblick über das Tierreich. 2 St. Im Sommer: Fischer; im Winter: Zint.

Zeichnen: Einfache plastische Ornamente in Licht- und Schattenwirkung. 2 St. Im Sommer: Castar; im Winter: Thielmann.

Oster-Quarta. Frankfurter Lehrplan. Klassenlehrer: Im Sommer: Dr. Prigge; im Winter: Oberlehrer Dr. Schwemer.

Religionslehre: a) Evangelische: Einteilung der Bibel und Reihenfolge der biblischen Bücher alten und neuen Testaments. Lesen der in VI. und V. behandelten biblischen Geschichten im biblischen Lesebuch. Aus dem Katechismus Wiederholung des I. und II. Hauptstückes, Erklärung und Einprägung des III., IV. und V. Hauptstückes, Wiederholung und Einprägung der festgesetzten Lieder, Psalmen und Sprüche. 2 St. Hauschild. — b) Kathol.: Die Glaubenslehre nach dem Diözesankatechismus. Die biblischen Geschichten des N. T., nach Schuster, bis zur Auferstehung Jesu. Fischbach; seit Januar: Raab.

Deutsch: Hopf und Paulsiek für IV., Prosastücke gelesen und erklärt. Memoriert wurden die im Kanon festgesetzten Gedichte. — Der zusammengesetzte Satz. Nebenordnung und Unterordnung von Sätzen. Interpunktionslehre. Alle 8 bis 14 Tage eine schriftliche Klassenarbeit, bestehend in orthographischen und Interpunktionsübungen sowie in Aufsätzen. 4 St. Im Sommer: Prigge; im Winter: Schwemer.

Französisch: Banner, Französisches Lese- und Übungsbuch, dritter Kursus, mit Auswahl durchgenommen und die Gedichte z. T. memoriert. Die für Quarta bestimmten Paragraphen der Satzlehre wurden durchgenommen. Sprechübungen im Anschluß an den Lesestoff. Banner, Deutscher Übersetzungsstoff, die meisten Stücke zur Einübung der Formenlehre sowie zur Einführung in die Satzlehre (Subjekt-, Objekt-, Adverbial- und Attributsätze)

3

mündlich und schriftlich übersetzt. Im Sommer wurde Erckmann-Chatrian, Conscrit de 1813, gelesen. Alle 14 Tage eine schriftliche Arbeit. 6 St. Im Sommer: Prigge; im Winter: Schwemer.

Geschichte: Die Hauptereignisse der alten Geschichte wurden besprochen und von den Schülern nacherzählt, ein Kanon wichtigerer Daten der alten Geschichte auswendig gelernt. Im Sommer: 3 St. Liermann; im Winter: 2 St. Bölte.

Erdkunde: Sommer: Politische Geographie des deutschen Reiches. Übungen im Kartenzeichnen. 2 St. Liermann. Winter: Physische Erdkunde Deutschlands. Im Anschluß daran Einführung in die Elemente der wissenschaftlichen Erdkunde. Übung im Gebrauch und Lesen der Karten und im Entwerfen von Kartenskizzen und Profilen. Wiederholung der außerdeutschen Länder Europas. 3 St. Weismantel.

Mathematik: a) Arithmetik: Zins- und Rabattrechnung. Einführung in die Buchstabenrechnung; die Grundrechnungen mit allgemeinen Zahlen. Reidt: Aufgabensammlung bis § 16. — b) Geometrie: Lehre von den Geraden, Winkeln, Dreiecken und Parallelogrammen. Kreislehre bis Lehrsatz 75, Reidt. Einfache Konstruktionsaufgaben. 5 St. Im Sommer: Zint; im Winter: Weismantel.

Naturbeschreibung: Im Sommer: Vergleichende Beschreibung verwandter Arten und Gattungen von Blütenpflanzen nach vorhandenen Exemplaren. Übersicht über das natürliche Pflanzensystem. Lebenserscheinungen der Pflanzen. — Im Winter: Niedere Tiere, namentlich nützliche und schädliche sowie deren Feinde mit besonderer Berücksichtigung der Insekten. Im Anschluß daran Übung im Zeichnen einfacher Formen. 2 St. Im Sommer: Fischer; im Winter: Weismantel.

Zeichnen: Einfache Flächenornamente — Blüten, Rosetten, Füllungen, Bänder — in Umriß und Farbenausführung. 2 St. Im Sommer: Caster; im Winter: Thielmann.

Oster-Quinta. Frankfurter Lehrplan. Klassenlehrer: Oberlehrer Dr. Banner.

Religionslehre: a) Evangelische: Biblische Geschichten des neuen Testaments nach dem Lesebuch von Schäfer. Durchnahme und Erlernung des 2. Hauptstücks mit Luthers Auslegung. Einprägung von 4 Kirchenliedern und einigen Katechismussprüchen. 2 St. Schmidt (Bellgard). — b) Katholische: Komb. mit IV.

Deutsch: Der einfache Satz und das Notwendigste vom zusammengesetzten Satze. Alle 8 Tage ein Diktat. Die meisten Stücke aus Hopf und Paulsiek wurden gelesen, Gedichte nach dem Kanon auswendig gelernt, die in Sexta gelernten wiederholt. Die Sagen und Geschichten aus dem klassischen Altertum und dem Mittelalter wurden durchgenommen. 4 St. Banner.

Französisch: Banner, französisches Lese- und Übungsbuch, zweiter Kursus, sämtliche Stücke durchgenommen. Die meisten Gedichte und mehrere Prosastücke memoriert. Der erste Kursus wurde wiederholt. Sprechübungen im Anschluß an den Lesestoff sowie an Bilder. Die unregelmäßige Formenlehre, insbesondere das unregelmäßige Verbum geübt. In der Regel wöchentlich eine schriftliche Arbeit: kleine französische Nacherzählungen, Beantwortung französisch gestellter Fragen in französischer Sprache. Banner, Übersetzungsstoff Teil I (Formenlehre) wurde zum Teil übersetzt. 6 St. Banner.

Erdkunde: Physische und politische Geographie von Deutschland und den angrenzenden Ländern, im Anschluß daran Einführung in das Verständnis der Karten, Übung im Lesen derselben und Behandlung einiger wichtiger Lehren der wissenschaftlichen Erdkunde. 2 St. Im Sommer: Liermann; im Winter: Weismantel.

Rechnen: a) Rechnen: Division der gem. Brüche, die 4 Grundrechnungsarten mit Dezimalbrüchen, einfache und zusammengesetzte Regeldetri mit direkten und indirekten Verhältnissen. Wiederholung der 4 Grundrechnungsarten mit gemeinen und Dezimalbrüchen. — b) Planimetrie: Lehre von den Geraden und Winkeln, I. u. II. Kongruenzsatz. Geometrisches Zeichnen. Zus. 5 St. Schmidt.

Naturbeschreibung: Im Sommer: Beschreibung von Vertretern scharf gekennzeichneter Pflanzenfamilien. Besprechung einzelner physiologischer und biologischer Eigentümlichkeiten derselben, sowie ihrer Beziehungen zu Menschen und Tieren. Bei einzelnen Hinweis auf die Geschichte ihrer Ausbreitung. Gleichzeitig Übungen im Zeichnen einfacher und wichtiger Pflanzenteile. 2 St. Fischer. — Im Winter: Die Vögel, Reptilien, Amphibien und Fische; ihre anatomischen, physiologischen und biologischen Eigentümlichkeiten und ihr Verhältnis zum Menschen. 2 St. Weismantel.

Zeichnen: Die gerade Linie, der rechte Winkel, das Rechteck, Quadrat, gleichseitige Dreieck, Acht-, Sechs- und Fünfeck; gradlinige Verzierungen. Die gebogene Linie angewendet in stilisierten Blatt- und Blütenformen. 2 St. Im Sommer: Caster; im Winter: Thielmann.

Schreiben: Deutsche, lateinische und griechische Schrift. 2 St. Schmidt.

Oster-Sexta. Frankfurter Lehrplan. Klassenlehrer: Oberlehrer Dr. Ziehen.

Religionslehre: a) Evangelische: Bibl. Geschichten des alten Testaments nach dem Lesebuch von Schäfer. Durchnahme und Erlernung der 10 Gebote mit Luthers Auslegung: einfache Worterklärung des 2. und 3. Hauptstücks; Einprägung von 4 Kirchenliedern und einigen Katechismussprüchen. 3 St. Schmidt. — b) Katholische: In 2 St. komb. mit IV. und V., außerdem 1 St. Beichtunterricht, Gebete, bibl. Geschichten des A. T. mit Auswahl. Fischbach; seit Januar Raab.

Deutsch: Hopf und Paulsiek für Sexta. Prosastücke gelesen, erklärt und von den Schülern frei wiedererzählt. Erzählungen aus der vaterländischen Sage und Geschichte. Memorieren von Gedichten nach dem hierfür festgesetzten Kanon. Redeteile und Glieder des einfachen Satzes; die Unterscheidung der starken und schwachen Flexion. Wöchentlich eine schriftliche Arbeit; orthographische und grammatische Übungen. 5 St. Ziehen.

Französisch: Banner, französisches Lese- und Übungsbuch, erster Kursus gelesen, übersetzt und durch grammatische und sachliche Analyse, durch vielfache Umbildung, durch Vorführung in Form von Dialogen, durch Veranschaulichung an Bildern und durch Verwendung des Sprachschatzes in Frage und Antwort geübt. Viele Gedichte und Prosastücke memoriert. Die regelmäßige Formenlehre, insbesondere avoir und être nud das regelmäßige Verbum durchgenommen. Wöchentlich eine schriftliche Arbeit: Diktate, Beantwortung französisch gestellter Fragen in französischer Sprache und Übersetzungen deutscher Sätze und Formen ins Französische. 6 St. Ziehen.

3*

Erdkunde: Grundbegriffe der physischen und der mathematischen Erdkunde elementar und in Anlehnung an die nächste örtliche Umgebung. Erste Anleitung zum Verständnis des Globus, des Reliefs und der Karten. Heimatkunde von Frankfurt. Das Main- und Rheingebiet. Kurze Übersicht über die Erdteile. 2 St. Im Sommer: Temme (Meier), im Winter: Weismantel.

Rechnen: Wiederholung der Grundrechnungen mit ganzen Zahlen. Die deutschen Maße, Gewichte und Münzen; die 4 Grundrechnungsarten mit benannten Zahlen nebst Übungen in der dezimalen Schreibweise. Teilbarkeit der Zahlen, Addition, Subtraktion und Multiplikation der gemeinen Brüche. 5 St. Schmidt.

Naturbeschreibung: Im Sommer: Beschreibung vorliegender Blütenpflanzen; im Anschluß daran Erklärung der Formen und Teile der Wurzeln, Stengel, Blätter und Blüten, leicht erkennbare Blütenstände und Früchte. 2 St. Fischer. — Im Winter: Beschreibung wichtiger Säugetiere und Vögel in Bezug auf Gestalt, Farbe und Größe nach vorhandenen Exemplaren und Abbildungen nebst Mitteilungen über ihre Lebensweise, ihren Nutzen oder Schaden. 2 St. Weismantel.

Schreiben: Deutsche und lateinische Schrift. 2 St. Schmidt.

Nachtrag.

Die Konfirmanden nahmen an den Religionsstunden teil, welche nicht gleichzeitig mit dem Unterricht des Geistlichen lagen.

Am Hebräischen nahmen teil: im Sommer: L_1: 5, I_3: 2, II_1: 7; im Winter: I_1: 2, I_4: 6, II_1: 1.

Am Englischen nahmen teil: im Sommer: L_1: 3, I_3: 15, II_1: 8; im Winter I_1: 14, I_3: 8, II_1: 20.

Technischer Unterricht.

a) Turnen.

Die Anstalt besuchten insgesamt im Sommer 1896: 342, im Winter 1896/96: 306 Schüler. Von diesen waren befreit:

	Vom Turnunterricht überhaupt		Von einzelnen Übungsarten	
	im Sommer	im Winter	im Sommer	im Winter
Auf Grund ärztlichen Zeugnisses	12	9	9	8
Also von der Gesamtzahl der Schüler	3,5%	2,9%	2,6%	2,5%

Es bestanden im Sommer 11, im Winter 10 getrennt zu unterrichtende Klassen, von denen jede eine Turnabteilung bildete; zur kleinsten von diesen Abteilungen gehörten 23, zur größten 40 Schüler.

Für den Turnunterricht waren wöchentlich insgesamt bis Weihnachten 22, von Januar ab, nach Übersiedelung in das neue Gebäude, 30 Stunden angesetzt. Ihn erteilten:

im Sommer die Herren Dr. Bölte, Oberlehrer, in I_1, II_1.

Beil, ordentl. Lehrer, in I_1, II_1, III_1 a, III_1.

Temme, wiss. Hilfslehrer, in III_1, V, VI.

Dr. Prigge, wiss. Hilfslehrer, in III_1 b.

Knögel, wiss. Hilfslehrer, in IV.

im Winter die Herren Z i n t , Oberlehrer, in L.

    Dr. P r i g g e , wiss. Hilfslehrer, MII₂, III₁ b, IV, V.

    T h i e l m a n n , ordentl. Lehrer, in L, II₁, III₁ a, III₂, VI.

Sowohl im alten wie im neuen Gebäude wurde für das Turnen im Freien der Schulhof der Anstalt, für das Turnen im geschlossenen Raum die auf dem Schulhof gelegene Turnhalle benutzt, die zur Anstalt gehört und uneingeschränkt von ihr benutzt werden kann. Von Januar ab hielten die Herren Thielmann und Dr. Bölte neben ihrem übrigen Unterricht freiwillig eine besondere Vorturnerstunde ab, an der sich Schüler der oberen und zum Teil auch der mittleren Klassen, die besondere Anlage und Lust zum Turnen zeigten, freiwillig beteiligen konnten; ihre Zahl betrug 36. Durch diese höchst dankenswerte Bemühung ist das Geräteturnen erheblich gefördert worden.

An den Turnspielen beteiligten sich:

aus	MI₁	MI₂	MII₁	MII₂	MIII₁	III₁ a	III₁ b	III₂	IV	V	VI	Zu-sammen
Anzahl der Schüler .	unregelmäßig wg der Reifeprüfung	33	26	26	24	23	25	40	36	41	40	313
Angemeldete Zahl der Teilnehmer		17	8	22	20	18	18	21	26	29	18	215
Durchschnittlicher Besuch		13	6	10	19	16	17	18	21	25	14	166

Von der Gesamtzahl der Schüler waren 70,5 %, angemeldet; von den angemeldeten besuchten durchschnittlich 77,3 %, den Spielplatz.

Die Spiele, die hauptsächlich betrieben wurden, waren: Fußballspiel, Cricket, Feldball, Rundball, Stoßball, Schleuderball und Schlagball, sowie unsere deutschen Lauf- und Fangspiele.

In dankenswertester Weise erboten sich zwei der ersten hiesigen Rudergesellschaften, die Germania und der Ruderverein, Schülerabteilungen zur Pflege kunstgerechten Ruderns unter Leitung bewährter Männer zu bilden. An der Schülerabteilung der Germania beteiligten sich 4, an der des Rudervereins 8 Schüler der oberen Klassen.

238 Schüler waren Freischwimmer = 69,6 %, von der Gesamtzahl der Schüler; 18 erlernten das Schwimmen im Berichtsjahre.

b) Gesang.

VI. Die Elemente der Rhythmik. Dynamik und Melodik. Ein- und zweistimmige Volkslieder nach dem I. Heft von F. W. Sering. 2 St. Schmidt. — V. Behandlung der wichtigsten Tonarten. Zweistimmige Übungen. Zweistimmige Lieder aus dem II. Heft von Sering und einstimmige Choräle. 2 St. Schmidt. — IV und III₂. Geistliche und weltliche Lieder für gemischten Chor nach dem Chorbuch von F. W. Sering. 2 St., davon eine kombiniert mit den Tenören und Bässen aus I und II. — I und II. Geistliche und weltliche Lieder für gemischten Chor nach dem Chorbuch von F. W. Sering. 2 St., davon eine als „Chorgesang" kombiniert mit Sopran und Alt aus IV und III₂. Schmidt.

c) Zeichnen (freiwillig).

Zeichnen nach schwereren Gipsornamenten: Geometrisches- und Projektions-Zeichnen. 2 St. Thielmann.

Die Zahl der Teilnahme am fakultativen Zeichnen war im Winter 1896/97 I : 1; II₁ : 6; II₂ : 6; zusammen 12 Schüler.

Übersicht über die eingeführten Bücher.

(Die neueingeführten sind gesperrt gedruckt.)

Lehrgegenstand	Prima (I)	Untersekunda (IIb)	Obersekunda (IIa)	Untertertia (IIIb)	Obertertia (IIIa)	Quarta (IV)	Quinta (V)	Sexta VI.
Ev. Religion	Bibel und Gesangbuch. Neu Testamentum graece	Überenkunda (II.) Rheinisches Lesebuch	Frankfurter Gesangbuch. Rheinisches Spruchbuch	Schuster Biblische Geschichte. Gesangbuch			
Kath. Relig.	Weineer 1—3. Gesangbuch						
Deutsch	Böttcher Hilfsb. f. die deutsche Lesebuch Jensches Lesebuch Deutsche Lesebuch Deutsches Lesebuch Deutsches Lesebuch deutsch. Literatur u. Meiß (Hoffmann) v. Maß für IIb. v. Maß für IIIb. v. Maß für IIIa. (2. Aufl. v. Evermann) für IIb. Regeln u. Wörterverz. Regeln u. Wörterverz. Regeln u. Wörterverz. Regeln u. Wörterverz.						
Lateinisch	Gillhausen Moselkertig. Schulgrammatik. Süpfle I.	Reinhardt, Lat. Satz- lehre. Ostermann-Müller. Übungsbuch für III	Reinhardt, Lat. Satz- lehre. Ostermann- Müller Französisch für III. Wortkunde zu Cäsar I. II.	Wulff Lat. Lesebuch Ostermann I. d. Anfangsgründe richtige Herr Schüler nebst Wortkunde Perthes Gillhausen Ostermann, Lat. Formenl. Ausg. Is			
Griechisch	Koch, Kurzgefasste griech. Formenlehre (Sybau). Römer Kurzgefasste griech. Formenlehre. Seyffert-Bamberg. Griech. Übungsbuch	Herwig Lese- und Übungsbuch f. d. griech. Anfangs- unterricht nebst Vokabularium. Kaegi gel. griech. Formenlehre					
Französisch	Plötz, Schulgrammatik.	Banner Franz Satzlehre.	Übersetzungsstück	Banner, Franz Lese- und Übungsbuch 3. Banner Franz. Lese- Karus u. Übungsbuch 2. Franz. Satzl. Über- u. Übungsbuch 1. setzungsstück Karus Karus			
Hebräisch	Hollenberg Bibel. Hebr. Lexikon.	Seffer 9 Aufl.					
Englisch	Tendering.						
Geschichte u. Erdkunde	Herbst, Historisches Hilfsbuch.	Herbst, Historisches Hilfsbuch 1	Müller-Junge, Leitfaden zur Geschichte des deutschen Volkes. Seydlitz Mittelschule.	Müller Junge. Alte Geschichte für Sexdlitz Anfangsstufe Seydlitz. Heftchen für V. für IV. Debes, Mittelstufe Debes Mittelstufe	Lüddeke Neuauer Atlas Mittelstufe mit 3 Ergänzungs- blättern M. 2.50.	
Mathematik u. Rechnen	Heis, Aufgaben- sammlung. Kraus Logarithmen- tafel.	Heis, Aufgaben- sammlung. Reidt, Elemente der Math. 2. Gauss, Log.-Taf. Algebra	Gauss, Log.-Tafel Reidt Elem.d Math 2. Algabensamml lung für Arithm. u. Algebra. Neydliz Mittelschule.	Reidt Elem.d Math.2 Aufgabensamm- lung für Arithm. u. Algebra	Becker u. Paul III. Aufgaben für das schriftl Rechnen. Aufgabensamm- schriftl. Rechnen. lung für Arithm. u. Algebra	Becker u. Paul II Aufgaben für das schriftl Rechnen.	Becker u. Paul I Aufgaben für das schriftl. Rechnen.
Physik und Naturkunde	Kreis, Leitfaden der Experimentalphysik für Gymnasien.		Schilling, Grundriss der Naturgeschichte III B. Tierreich	Naturgeschichte III B. Tierreich nach dem natürlichen System.	Schilling, Grundriss der Naturgeschichte I. Zoologie.	

• Ferner Textausgaben der gelesenen Schriftsteller. (Für das Lat. in der III. (Cäsar v. Kempf). Als Wörterbücher werden empfohlen: Für das Lateinische: Stowasser (M. 11.) oder Georges (M. 5.50). Für das Griechische: Benseler (M. 8.)

II. Verfügungen der Behörden.

a) Verfügungen des Königlichen Provinzial-Schulkollegiums.

1. 1896, 18. April. Die Einführung der lateinischen Satzlehre von Reinhardt wird genehmigt.
2. 1896, 23. April. Mitteilung eines Ministerial-Erlasses vom 2. April: Diejenigen Abiturienten, die ohne die Reife im Hebräischen erlangt zu haben zum Studium der Theologie übergehen, haben möglichst bald die Reifeprüfung im Hebräischen vor einer wissenschaftlichen Prüfungskommission für das höhere Schulamt nachzuholen. (Ordnung der Reifeprüfung § 16, 3.)
3. 1896, 3. bez. 29. Juli. Die Herren Oberlehrer Haußchild und Dr. Wolff sind zu Professoren ernannt.
4. 1896, 4. September. Die Einführung des griechischen Lese- und Übungsbuches von Herwig mit Vokabular wird für den griechischen Anfangsunterricht in Untersekunda von Ostern 1897 ab genehmigt.
5. 1896, 16. September. Versuchsweise wird für das Winterhalbjahr genehmigt, daß der Unterricht möglichst in die Vormittagsstunden von 8—1 Uhr, die überschießenden Lehrstunden aber in die Zeit von 3—5 Uhr gelegt werden.
6. 1896, 26. September. Den Professoren Herren Dr. Israel-Holtzwart und Caumont wird der Rothe Adler-Orden 4. Klasse verliehen.
7. 1896, 28. September. Herr Dr. Ludwig Ziehen wird zur Ableistung des Probejahres der Anstalt überwiesen.
8. 1896, 30. Dezember. Eine Erklärung zum Statut der Witwen- und Waisenkasse des bisherigen städtischen Gymnasiums wird genehmigt, wonach alle Rechte und Pflichten der Lehrer des bisherigen städtischen Gymnasiums an dieser Kasse auf die fest angestellten Lehrer des Goethe- und Lessing-Gymnasiums künftighin übergehen.
9. 1897, 8. Februar. Die Kandidaten des höheren Schulamts sind fortan bei der ersten kommissarischen Beschäftigung zu vereidigen.

b) Verfügungen des Kuratoriums.

1. 1896, 4. März. Mitteilung eines Magistratsbeschlusses vom 26. Februar: Für das Goethe-Gymnasium sind zur Beschaffung von Lehrmitteln (Physik, Naturbeschreibung, Zeichnen, Anschauungsunterricht) 24 000 M., zur Anlegung einer Lehrerbibliothek 7000 M., einer Schülerbibliothek 2000 M. seitens der oberen städtischen Behörden bewilligt.
2. 1896, 17. März. Mitteilung eines Magistratsbeschlusses vom 13. März: Für den Neubau des Goethe-Gymnasiums ist elektrische Beleuchtung beschlossen und die Mehrausgabe bewilligt.
3. 1896, 17. März. Mitteilung eines Magistratsbeschlusses vom 13 März: Der Anbau dreier weiterer Klassenräume im Goethe-Gymnasium ist genehmigt.
4. 1896, 16. April. Mitteilung eines Magistratsbeschlusses vom 14 April: Herr Oberlehrer Dr. Bopp ist vom 1. April 1896 ab in die erste Gehaltsklasse eingewiesen.
5. 1896, 12. August. Die Herren Professoren Dr. Israel-Holtzwart und Caumont werden auf ihren Antrag unter Anerkennung ihrer ersprießlichen Dienste in den Ruhestand versetzt.
6. 1896, 9. Oktober. Herr Hermann Thielmann, bisher an der Baltonschule, ist durch Magistratsbeschluss vom 25. August, bestätigt vom Königlichen Provinzial-Schulkollegium unter dem 7. Oktober, zum ordentlichen Lehrer am Goethe-Gymnasium ernannt worden.
7. 1896, 27. Oktober. Mitteilung eines Magistratsbeschlusses vom 23. Oktober: Dem Goethe-Gymnasium wird eine Grundfläche von 12 Ar 20,70 qm (südlich vom Turnhof) zur Anlage eines botanischen Gartens überwiesen.
8. 1896, 25. November. Mitteilung eines Magistratsbeschlusses vom 20. November: Herr Oberlehrer Dr. Schwemer ist in die I. Gehaltsklasse vom 1. Januar ab eingewiesen.
9. 1896, 9. Dezember. Dem Herrn Priester Raab in Hadamar werden 7 Stunden katholischen Religionsunterrichtes am Goethe-Gymnasium vom 8. Januar ab übertragen. (Genehmigung des Königlichen Provinzial-Schulkollegiums vom 2. Dezember.)

10. 1897, 18. März. Mitteilung einer Verfügung des Königlichen Provinzial-Schulkollegiums, wodurch genehmigt wird, daß an allen höheren Schulen in Frankfurt a. M. versuchsweise im bevorstehenden Sommerhalbjahr der Unterricht in die Zeit von 7—12 und nach 3 Uhr gelegt wird.

11. 1897, 23. März. Die wissenschaftlichen Hilfslehrer Herren Dr. Otto Walsmantel und Dr. Otto Liermann (letzterer bisher am Lessing-Gymnasium) sind durch Magistratsbeschluß vom 26. Febr., bestätigt vom Königl. Prov.-Schulkoll. unter dem 17. bezw. 16. März vom 1. April ab zu Oberlehrern am Goethe-Gymnasium ernannt worden.

III. Chronik.

I. Veränderungen im Lehrerkollegium und Beurlaubungen.

Herr Professor Gillhausen und Herr Professor Canmont waren während des Sommerhalbjahres wegen Krankheit beurlaubt; ersterer ist uns nach einer schweren Kur frisch und thatkräftig zurückgegeben worden, und er hat ohne erheblichen Anstoß während des ganzen Winters seine Kraft wieder in den Dienst unserer Schule stellen können. Herr Professor Canmont dagegen sah sich genötigt, um seiner schwankenden Gesundheit willen seine Versetzung in den Ruhestand nachzusuchen. Er hat fast 25 Jahre lang in treuer, gewissenhafter Pflichterfüllung als Lehrer des Französischen und Englischen an unserer Anstalt gewirkt; durch seine Herzensgüte und Liebenswürdigkeit hat er sich alle Mitglieder des Lehrerkollegiums zu wahren Freunden gemacht und als feiner Kenner der Sprache und Litteratur seines Mutterlandes sich die hohe Achtung seiner Kollegen und seiner Schüler erworben. Unsere Freundschaft folgt ihm auch ferner, und wir wünschen ihm, daß seine künstlerische Gestaltungsgabe noch manche Frucht schöner Poesie zeitige.

Herr Professor Dr. Israel-Holtzwart ist zwar vorwiegend an der Abteilung II, dem jetzigen Lessing-Gymnasium thätig gewesen und nur mit einer geringen Stundenzahl an unserer Abteilung. Wir betrachten ihn darum nicht minder als den unseren, denn auch wir haben einen schweren Verlust dadurch erlitten, daß er, einem langwierigen Leiden endlich nachgebend, seinen Abschied aus dem Schuldienste nahm. Als ein von Gott begnadeter Lehrer, zugleich hervorragend in seiner Wissenschaft, hat er trotz der zeitlichen Kürze seiner Wirksamkeit an unserer Anstalt dauernde Spuren seines Geistes und Wirkens hinterlassen. Möge er uns in Freundschaft zugethan bleiben!

Von des Königs Majestät wurde den beiden ausscheidenden Kollegen in Anerkennung ihrer Verdienste der Rothe Adler-Orden vierter Klasse verliehen (Vergl. S. 39).

Ein weiterer Verlust drohte unserer Anstalt. Höchst ehrenvolle Anerbietungen veranlaßten Herrn Oberlehrer Dr. Schwemer zu dem Versuche, auf einem anderen Gebiete der Thätigkeit sich eine neue Lebensstellung zu schaffen. Trotz glänzender äußerer Vorteile zog ihn die Liebe zu seinem Berufe wieder an unsere Anstalt zurück, und da die städtischen und staatlichen Behörden ihm gerne bis zu seiner endgültigen Entscheidung die hiesige Stelle offen hielten, durften wir ihn nach einem halbjährigen Urlaub wieder als unseren Mitarbeiter freudig begrüßen.

Die Vertretung der während des Sommerhalbjahrs beurlaubten Lehrer wurde von den Herren Dr. Aust, Temme, Dr. Prigge, Ankel und Knoegel übernommen, denen wir für ihre bereitwillige und ersprießliche Hülfe unseren besten Dank aussprechen.

Die Neuorganisation des Goethe- und Lessing-Gymnasiums, die bereits im Herbste im wesentlichen erfolgte, machte die Anstellung eines Zeichen- und Turnlehrers an unserer Anstalt nötig. (S. S. 39.) Wir freuen uns in Herrn Hermann Thielmann einen bewährten Mitarbeiter gefunden zu haben, der sich schnell in die besonderen Aufgaben unserer Schule eingelebt hat und der uns allen bereits ein lieber Kollege geworden ist. Über seinen Lebensgang berichtet derselbe Folgendes:

„Heinrich Hermann Thielmann, ev. Konfession, geboren am 7. Januar 1861 zu Zeppenfeld, Kr. Siegen, besuchte daselbst die Elementarschule, dann die Rektorat-Schule zu Neunkirchen, die Präparanden-Anstalt zu Herborn und das Lehrer-Seminar zu Dillenburg. Ostern 1887 erhielt er nach halbjährigem Besuch des Turnlehrer-

Bildungsanstalt zu Berlin die Lehrbefähigung zur Erteilung von Turnunterricht an höheren Schulen. Im Zeichnen bildete er sich an der Kunstgewerbeschule zu Frankfurt a. M. und an der Zeichenakademie zu Düsseldorf 1894/95 aus und bestand daselbst im Juli 1895 die Prüfung als Zeichenlehrer für höhere Schulen.

Als Lehrer wirkte er vom Oktober 1880 an zu Schönborn (Amt Dies), zu Schierstein a. Rh., zu Bockenheim und seit Ostern 1888 an der Battonn-Schule zu Frankfurt a. M. Am 1. Oktober 1896 wurde er als Zeichen- und Turnlehrer an das Goethe-Gymnasium berufen."

Über die weitere Vervollständigung des Lehrerkollegiums wird im nächsten Programm eingehender zu berichten sein. (Vergl. S. 39 b, 11.)

Herr Anton Bellgard vollendete Michaelis 1896 sein Probejahr und ist seitdem als wissenschaftlicher Hülfslehrer am Goethe-Gymnasium beschäftigt; zur selben Zeit trat Herr Dr. Ludwig Ziehen sein Probejahr an.

2. Schulfeste und Prüfungen.

Am 10. Mai beging unsere gesamte Stadt das Friedensfest, dessen Mittelpunkt die Enthüllung des Denkmals des Gründers des Reiches, Kaiser Wilhelms I., bildete. Seine Majestät der Kaiser und Ihre Majestät die Kaiserin wurden beim Einzug in die Stadt von den Spalier bildenden Schülern begrüßt. Der Enthüllungs-Feier durften 16 Schüler der Gesamtanstalt, 6 unserer Abteilung, sowie mehrere Professoren anwohnen. Die Eindrücke dieses Tages werden unseren Schülern, wir sind dessen sicher, unvergeßlich bleiben.

Das Maifest wurde am 13. Mai, das Sedanfest am 2. September, beide in gewohnter Weise begangen. Herr Professor Dr. Reuß hielt bei dem letzteren die Festrede.

Das Geburtsfest Seiner Majestät des Kaisers wurde am 27. Januar durch Gesänge und Deklamationen gefeiert. Der Unterprimaner Rudolf Mané hielt einen Vortrag über die alte Kaiserstadt Trier, wobei er zugleich eine Parallele gab zwischen dem römischen und dem deutschen Kaisertum. Eine Ansprache des Direktors schloß die Feier.

Am 16. Februar versammelten sich die evangelischen Schüler in der Aula um das Andenken Philipp Melanchthons an seinem 400. Geburtstage zu feiern. Der Direktor wies die engen Beziehungen nach, in denen Melanchthon zu den Gründern und ersten Rektoren unseres Gymnasiums, Wilhelm Nesen und Jakob Micyllus, gestanden hat.

Die Feier der hundertjährigen Wiederkehr des Geburtstages Kaiser Wilhelms I. wurde am 22. März durch Gesänge und Deklamationen festlich begangen. Herr Oberlehrer Dr. Schwemer hielt die Festrede, in der er eine tief durchdachte Darstellung sowohl des gewaltigen Wirkens als der vorbildlichen Persönlichkeit des vielgeliebten Herrschers, dieses wahren Vaters des Vaterlandes gab. Der Direktor verteilte mit einer Ansprache an 36 Schüler der Anstalt Exemplare der Nachbildung einer von dem alten Kaiser vollzogenen eigenhändigen Niederschrift des Beckerschen Rheinliedes, die zu diesem Zwecke vom Königl. Provinzial-Schulkollegium übersandt waren.

Die schriftliche Reifeprüfung fand in den Tagen vom 10. bis 15. August statt, die mündliche am 6. September unter dem Vorsitze des Herrn Geheimen Regierungs- und Provinzial-Schulrats Dr. Lahmeyer; Herr Konsistorialrat D. Dr. Ehlers wohnte der Prüfung als Vertreter des Kuratoriums bei. Von den 29 Schülern, die sich gemeldet hatten, traten zwei nach dem ungünstigen Ausfall der schriftlichen Prüfung zurück, die übrigen bestanden die Prüfung, 14 wurden von der mündlichen Prüfung befreit. Die beiden zurückgebliebenen Schüler unterzogen sich von neuem in den Tagen vom 16. bis 19. Februar der schriftlichen und am 17. März der mündlichen Prüfung, wobei der Direktor den Vorsitz führte und das Kuratorium durch Herrn Dr. Friedleben vertreten war. Diesmal erhielten beide die Reife.

Die schriftliche Abschlußprüfung fiel in die Tage vom 31. August bis 5. September, die mündliche wurde am 14. September abgehalten. Von den 24 Schülern, die der Untersekunda angehörten, erhielten 22 die Versetzungsreife.

Unter dem 6. Mai 1896 wurde durch Vermittlung des Reichskommissars für die Weltausstellung in Chicago dem Gymnasium für die Ausstellung seiner Programme die Bronzemedaille nebst Certificat zugestellt: For continuous progress as shown in programms and reports from 1789 to 1893.

3. Die Durchführung des Frankfurter Lehrplans.

Die Anmeldungen zur Sexta waren in diesem Jahre stärker denn je; sie betrugen am 16. Januar, dem Schlußtage der vom Kuratorium bekannt gegebenen Anmeldezeit, 62. Da die drei unteren Klassen, die denselben Lehrplan wie die lateinlosen Realschulen haben, nach der Absicht der städtischen Behörden ungeteilt bleiben sollen, so mußte 20 Schülern, und zwar denjenigen, die das normale Alter am 1. April d. J. noch nicht erreicht haben, sowie auch einigen, deren Wohnung von unserer Anstalt weit entfernt liegt, der Besuch anderer Schulen für die ersten 3 Jahre anheimgegeben werden. Die oberen städtischen Behörden haben aber in Aussicht genommen, von der Untertertia an, von wo der Lehrgang des Gymnasiums sich von dem der anderen Schulen trennt, Teilung der Klassen, soweit das Bedürfnis vorliegt, eintreten zu lassen. Die Zahl der Klassenzimmer ist auf 15 berechnet; die Anstalt kann sich also in den 6 Klassen von Untertertia bis Prima, dem eigentlichen Gymnasium, zu einer Doppelanstalt entwickeln. Schon für das folgende Schuljahr ist die Teilung der Untertertia gesichert, und mit Rücksicht hierauf eine neue Lehrerstelle für die Anstalt gegründet. Die Eltern der Schüler, die jetzt keine Aufnahme in die Sexta finden, können sich mit einiger Zuversicht darauf rechnen, daß nach 3 Jahren ihren Söhnen der Eintritt in unsere Anstalt ermöglicht wird.

Die Erfahrungen, die wir im ersten Jahre mit dem Anfangsunterricht des Lateinischen gemacht haben, sind durch die Ergebnisse dieses Jahres bestätigt worden. Da alle Exemplare des Programms von 1896 vergriffen sind und wir auf viele Nachfragen zu unserem Leidwesen abschlägigen Bescheid haben geben müssen, so bringen wir den Teil des vorjährigen Berichts, der sich auf den lateinischen Unterricht der Untertertia bezieht, hier wieder zum Abdruck:

„Wir haben nunmehr das erste Jahr des lateinischen Anfangsunterrichts der Untertertia hinter uns, und wir dürfen mit Freude aussprechen, daß die Erwartungen, die wir auf dieses erste Jahr gesetzt haben, erfüllt, ja übertroffen sind. Die Schüler, auch die Schwächeren unter ihnen, haben mit großem Eifer den neuen Gegenstand angefaßt, und dieser Eifer hat sich im Verlauf des Jahres nicht abgeschwächt, vielmehr erhöht. Es hat einen besonderen und sich steigernden Reiz für diese Knaben, zu beobachten, wie fast die meisten Worte der Französischen und so zahlreiche Ausdrücke unserer eigenen Sprache im Lateinischen ihren Ursprung haben. Diesen Schülern offenbart sich in einer Zeit, wo sie Sinn und Begriff für dergleichen Beobachtungen haben, der mächtige Zusammenhang unserer Sprache und Kultur mit dem Altertum, und so entsteht ein Anreiz zum Lernen, der nicht zu unterschätzen ist. Auch für die schnelle und sichere Aneignung eines großen Vokabelschatzes hat es sich als bedeutender Vorteil erwiesen, daß nur wenig Worte vorkommen, bei denen sich nicht eine Beziehung zum Französischen oder zu bekannten deutschen Fremdworten oder zu Ausdrücken herstellen ließe, die im Geschichtsunterricht bereits bekannt geworden sind.

Das Ziel, das wir uns gesteckt hatten, die regelmäßige und unregelmäßige Formenlehre im ersten Jahre zur Aneignung zu bringen, ist erreicht worden. Dabei sind zugleich die wichtigeren syntaktischen Regeln, die sich mit den Formen verbinden, erklärt und eingeprägt worden. Für die Aufgaben, die uns gestellt waren, haben sich das Lesebuch und die zugehörige Wortkunde, die Herr Oberlehrer Dr. Wulff zwar im Anschluß an die Übungsbücher von Perthes für Sexta und Quinta, aber doch durchaus selbständig ausgearbeitet hat, als ausgezeichnetes Hülfsmittel erwiesen. Jeder, der nach diesen Büchern zu unterrichten hat, wird empfinden, wie planvoll und durchdacht hier alles angeordnet ist und wie bedächtig jeder Schritt geschieht, so daß man sich ohne Überstürzung und Übereilung und ohne die Schüler zu sehr anzustrengen zur rechten Zeit an das Ziel geführt sieht. Auch der Inhalt ist durchaus dem Standpunkt des Tertianers angemessen und wohl geeignet, in die Geschichte und Anschauungsweise des Altertums propädeutisch einzuführen. Zahlreiche kernige Sprüche, Sentenzen und Dichterstellen würzen den Unterricht.

Das Lesebuch bietet keine deutschen Stücke zum Übersetzen ins Lateinische, aber es liegt in dem befolgten System begründet, daß die Übung des Hersetzens nicht nur durch Retrovertieren, sondern auch durch fortwährendes Umbilden der lateinischen Sätze und durch Nachbilden ähnlicher Sätze reichlich getrieben wird. Hand in Hand hiermit gehen unablässige Übungen in der Anwendung der Deklinations- und Konjugations-Formen. Hierbei ist planmäßig darauf hinzuwirken, daß alle wichtigeren Formen, die früher eingeübt sind, von Zeit zu Zeit innerhalb des fortschreitenden Unterrichts in immer neuen Verbindungen vorgeführt und zur Anwendung gebracht werden. Wo sich irgend ein Mangel und Schaden, etwas Unverstandenes oder ein Halbverstandenes bei einzelnen Schülern zeigt, darf sich der Lehrer Zeit und Mühe nicht verdrießen lassen, in eingehender Erklärung und Übung das Verlorene und Halbverlorene neu zu gewinnen und zu befestigen. Wenn

43

nach dieser Weise verfahren wird. so sind wir sicher, daß nicht nur bei den ersten Versuchsklassen hier in Frankfurt, sondern allenthalben, wo man sich zu dieser Schulform entschließt, der Gewinn die Mühe lohnen wird."

In der Obertertia war die Hauptaufgabe in dem jetzt ablaufenden Schuljahr die Einführung in die Lektüre Cäsars und Ovids und die systematische Durchnahme der Satzlehre. Wir haben es als einen besonderen Vorzug des hier befolgten Systems empfunden, daß der Lesung des Schriftstellers eine so ausgiebige, zusammenhängende Zeit gewidmet werden kann. Für jeden Tag war eine Stunde Lektüre festgesetzt, und dabei blieben doch vier Stunden in der Woche zur Einführung in die Satzlehre und zu grammatischen Übungen übrig. So konnte die Lesung des Schriftstellers in kräftigem Zuge vorwärts schreiten und ein Gesamteindruck des gelesenen Werkes gewonnen werden. Wir haben sechs Bücher von Cäsars gallischem Kriege gelesen. Die hierbei befolgte Methode war in der Regel folgende: Das neu Durchzunehmende wird in der Klasse gemeinsam mit den Schülern, ohne vorhergehende häusliche Präparation, übersetzt; schwierigere Sätze werden vorher besprochen und analysiert. Durch diese fortwährende Übung im unvorbereiteten Übersetzen erlangen die Schüler hierin bald solche Gewandtheit, daß nur noch wenige Sätze vorkommen, die sie nicht nach kurzem Überblick verstehen und zu übersetzen vermögen. Allen Versuchungen, unlautere Hülfsmittel bei der Präparation anzuwenden, ist hiermit von vornherein der Boden entzogen. Das in der Klasse gemeinsam Erarbeitete wird dann zur häuslichen Durcharbeit für die folgende Stunde aufgegeben, wobei auch die noch unbekannten Vokabeln aufzusuchen und in ein Vokabelheft einzutragen sind. Nur bei besonders leichten Stellen wurde auch gelegentlich ein Stück zur häuslichen Präparation gegeben. Bei Ovid ist die gemeinsame Präparation in der Klasse selbstverständlich unerläßlich.

Die Satzlehre wurde nach den in der Vorrede zu unserm Lehrbuche dargelegten Grundsätzen behandelt: Die zahlreichen Beispiele, die aus Wulffs Lehrbuch und aus Cäsars gallischem Kriege genommen sind, geben die Möglichkeit, überall vom Bekannten auszugehen und die Regel aus dem bereits verarbeiteten Sprachstoff zu entwickeln. Wenn auch auf dem Gebiete der Syntax noch manches den folgenden Klassen zu thun übrig bleibt, so sind doch die Grundzüge überall festgelegt und die Lehre von den Teilen des Satzes ist in systematischer Folge durchgenommen. Das Übersetzen der Stücke aus Ostermann-Müller (4. Teil, Tertia) macht den Schülern kaum noch erhebliche Schwierigkeiten.

IV. Statistische Mitteilungen.

Frequenztabellen für das Schuljahr 1896/97.

Michaelisklassen nach dem allgemeinen Lehrplan und Osterklassen nach dem Frankfurter Lehrplan.

	MI₁	MI₂	MII₁	MII₂	MIII₂	OIII₁ a (Fr. L.)	OIII₁ b (Fr. L.)	OIII₂ (Fr. L.)	OIV (Fr. L.)	OV (Fr. L.)	OVI (Fr. L.)	Summa
1. Bestand am 1. Februar 1896	29	33	26	30	25	—	—	25+24	39	38	40	309
2. Abgang bis zum Schluß des Schuljahres 1895/96	—	—	4	4	1	—	—	1+1	1	2	—	14
3a. Zugang durch Versetzung zu Ostern	—	—	—	—	—	23	22	37	35	40	—	157
3b. Zugang durch Aufnahme zu Ostern	—	—	3	—	—	—	3	—	—	—	40	46
4. Frequenz am Anfang des Schuljahres 1896/97	29	33	25	26	24	23	25	39	36	41	40	341
5. Zugang im Sommerhalbjahr	—	—	—	—	—	—	—	1	—	—	—	1
6. Abgang im Sommerhalbjahr	27	1	4	3	1	—	1	4	1	—	1	43
7a. Zugang durch Versetzung zu Michaelis	32	21	21	23	—	—	—	—	—	—	—	97
7b. Zugang durch Aufnahme zu Michaelis	—	—	2	1	—	—	—	1	1	—	1	6
8. Frequenz am Anfang des Winterhalbjahres	34	21	23	26	—	28	24	37	36	41	40	305
9. Zugang im Winterhalbjahr	—	—	—	—	—	—	—	1	—	—	—	1
10. Abgang im Winterhalbjahr	1	—	—	—	—	—	—	—	—	—	—	1
11. Frequenz am 1. Februar 1897	33	21	23	26	—	23	24	38	36	41	40	305
12. Durchschnitts-Alter am 1. Februar 1897	18,₁	17,₁	16,₆	15,₇	—	14,₄	14,₄	13,₅	12,₁	11,₄	10,₅	

Religions- und Heimatsverhältnisse der Schüler.

	Evangel.	Katholiken	Dissidenten	Juden	Einheim.	Auswärtige	Ausländer.
1. Am Anfang des Sommerhalbjahres	208	37	4	92	322	14	5
2. Am Anfang des Winterhalbjahres	184	33	4	84	290	12	3
3. Am 1. Februar 1897	183	33	4	85	290	12	3

Das Zeugnis für den einjährigen Militärdienst haben erhalten: Ostern 1896: 3 Schüler; Michaelis 1896: 22 Schüler. Davon sind zu einem praktischen Beruf abgegangen: Ostern 1896: 2 Schüler; Michaelis 1896: 1 Schüler.

Verzeichnis

der für reif erklärten Schüler der Oberprima des Goethe-Gymnasiums zu Frankfurt a. M.

a. Michaelis 1896.

Laufende No.	Name	Geburts-		Alter	Bekenntnis bezw. Rellg.	Name, Stand und Wohnort des Vaters	Angabe der Eintritts-Klasse	Dauer des Aufenthaltes in der		Gewählter Beruf
		Ort	Tag					Anstalt nach Jahren	Prima	
1	Ahrend, Justus	Miltenberg	7. April 1878	18⁵/₁₁	Jüd.	† Bernhard Ahrend, weiland Geschäftsführer zu Frankfurt a. M.	MIII₁	6	2	Medizin.
2	Ansbacher, Luigi	Mailand	9. Juni 1878	18²/₁₂	Jüd.	Bernhard Ansbacher, Kaufmann zu Mailand.	MII₁	3¹/₂	2	Rechts-wissenschaft.
3	Aumüller, Robert	Oberursel	4. August 1878	16⁷/₁₂	Kath.	† Jakob Aumüller, weiland Bürgermeister zu Oberursel.	MIII₁	5	2	Rechts-wissenschaft.
4	Bösser, Reinhard	Frankfurt a. M.	13. Nov. 1877	18¹⁰/₁₂	Ev.	Wilhelm Bösser, Schuh-machermeister zu Frank-furt a. M.	MVI	9	2	Philologie (Neuere Sprachen).
5	Breul, Karl	Frankfurt a. M.	13. Mai 1878	18⁵/₁₁	Ev.	Karl Breul, Kaufmann zu Frankfurt a. M.	MVI	9	2	Rechts-wissenschaft.
6	Cnyrim, Adolf	Frankfurt a. M.	11. Febr. 1878	18⁷/₁₂	Ev.	† Eduard Cnyrim, Dr. jr. weiland Rechtsanwalt zu Frankfurt a. M.	MV	8	2	Rechts-wissenschaft.
7	Dreyer, Alfred	Darmstadt	26. Juni 1878	18¹/₁₂	Ev.	Hugo Dreyer, Kaufmann zu Frankfurt a. M.	MVI	9	2	Rechts-wissenschaft.
8	Fechner, Max	Mülheim a. d. Ruhr	10. April 1877	19²/₁₂	Ev.	Wilhelm Fechner, Landge-richtsrat zu Frankfurt a. M.	OIV	7	2	Rechts-wissenschaft.
9	Goldschmidt, Richard	Frankfurt a. M.	12. April 1878	18⁵/₁₂	Jüd.	Saly Goldschmidt, Kaufmann zu Frankfurt a. M.	OV	8¹/₂	2	Medizin.
10	Goldschmidt, Victor	Frankfurt a. M.	18. Sept. 1877	19	Ev.	† Reinhold Goldschmidt, weiland Kaufmann zu Frankfurt a. M.	MVI	9¹/₁	2	Rechts-wissenschaft.
11	Haeberlin, Karl	Frankfurt a. M.	20. Jan. 1878	18⁸/₁₂	Ev.	Justus Haeberlin, Dr. jur. Rechtsanwalt zu Frank-furt a. M.	MIV	6¹/₂	2	Kunst-geschichte.
12	Hoeffler, Heinrich	Frankfurt a. M.	29. Juni 1876	20³/₁₂	Ev.	Adolf Hoeffler, Maler zu Frankfurt a. M.	OVI	9¹/₁	2	Philologie.
13	Kartscher, Jean	Frankfurt a. M.	8. Juni 1877	19⁴/₁₂	Ev.	Johannes Kartscher, Schuh-machermeister zu Frank-furt a. M	MVI	9	2	Theologie.

Laufende No.	Name	Geburts-Ort	Geburts-Tag	Alter	Bekenntnis bezw. Relig.	Name, Stand und Wohnort des Vaters	Angabe der Eintritts-Klasse	Dauer des Aufenthaltes in der Anstalt	Preuss. nach Jahren	Gewählter Beruf
14	Kayser, **Kasimir**	Illenau	18. Sept. 1878	18	**Ev.**	Konrad Kayser, Pfarrer zu Frankfurt a. M.	MIV	7	2	**Theologie**
15	**Kirschbaum, Alfred**	Frankfurt a. M.	9. Aug. 1878	18¹⁄₁₂	Jüd.	M Kirschbaum, Kaufmann zu Frankfurt a. M.	MVI	9	2	Rechts-wissenschaft.
16	Lessing, Friedrich	Oberlahn-stein	21. Aug. 1876	20¹⁄₁₂	Ev.	Anton Lessing. Fabrikbe-sitzer zu Oberlahnstein.	OIV	8¹⁄₂	2	Tritt auf Be-förderung in das Heer.
17	**Leuchs-Mack, Max**	Frankfurt a. M.	19. März 1878	18⁶⁄₁₂	**Ev.**	Ferdinand Leuchs-Mack, Generalkonsul und Fabrik-besitzer zu Frankfurt a. M.	MII₂	3¹⁄₂	2	Rechts-wissenschaft.
18	Oppenheimer, Arthur	Frankfurt a. M	14 Aug. 1878	18¹⁄₁₂	Jüd.	Mayer Oppenheimer, Bäcker-meister zu Frankfurt a. M.	MII₁	2¹⁄₂	2	Rechts-wissenschaft.
19	**Oppenheimer Max**	Frankfurt a. M	15. Aug. 1878	18¹⁄₁₂	Jüd.	Hermann Oppenheimer, Dr. med., Arzt zu Frank-furt a. M	MII₁	3	2	**Medizin.**
20	Reiss, Adolf	Frankfurt a. M.	20. Sept. 1877	19	Ev.	Paul Reiss, Rechtsanwalt zu Frankfurt a. M.	MVI	10	2	Rechts-wissenschaft.
21	Reiss, Eduard	Frankfurt a. M	31. Aug. 1878	18	Ev.	Paul Reiss, Rechtsanwalt zu Frankfurt a. M.	MVI	9	2	Medizin- und Naturwissen-schaft.
22	Rosenbaum, Saly	Frankfurt a. M.	3. Oktbr. 1877	18¹⁰⁄₁₂	**Jüd.**	Eliesar Rosenbaum, Dr. med., Arzt zu Frankfurt a. M	MIII₂	6	2	**Medizin.**
23	Schloss, **Paul**	Frankfurt a. M.	**6. Juni 1878**	18⁶⁄₁₂	**Jüd.**	Adolf Schloss, Kaufmann zu Frankfurt a. M.	MIV	7	2	Rechts-wissenschaft.
24	**Schuster, Richard**	Frankfurt a. M.	**23. Aug. 1878**	18¹⁄₁₂	**Jüd.**	† Ignaz Schuster, weiland Privatier zu Frankfurt a. M	MVI	9	2	Rechts-wissenschaft.
25	Seeger, Hans	Frankfurt a. M.	21. April 1878	18⁶⁄₁₂	**Ev.**	Georg Seeger, Architekt zu Frankfurt a. M.	MVI	9	2	Rechts-wissenschaft.
26	Steinberg, Paul	Frankfurt a. M.	8. Jan. 1878	18⁹⁄₁₂	**Ev.**	Adolf Steinberg, Kaufmann zu Frankfurt a. M.	MII₁	2¹⁄₂	2	**Rechts-wissenschaft.**
27	Weber, Wilhelm	Frankfurt a. M.	17. Febr. 1878	18⁷⁄₁₂	**Ev.**	Ludwig Weber, städtischer Bau-Inspektor zu Frank-furt a. M.	MV	8	2	**Medizin.**

Laufende No.	Name	Geburts- Ort	Geburts- Tag	Alter	Bekenntnis bezw. Relig.	Name, Stand und Wohnort des Vaters	Angabe der Eintritts- Klasse	Dauer des Aufenthaltes in der Anstalt / Prima nach Jahren	Gewählter Beruf
1	Imhoff, Wilhelm	Köln	6. Nov. 1875	21¼	Kath.	Wilhelm Imhoff, Bildhauer zu Frankfurt a. M.	MVI	9½ · 2½	Theologie.
2	Weil, August	St. Goarshausen	20. Mai 1878	18¹⁰/₁₁	Kath.	Heinrich Weil, Gerichtssekretär zu Frankfurt a. M.	MVI	9½ · 2½	Theologie.

V. Sammlungen und Lehrmittel.

Vorbemerkung: Die Aufzählung der Neuanschaffungen würde den hier zur Verfügung stehenden Raum weit überschreiten. Wir müssen uns deshalb damit begnügen, die eingegangenen Geschenke aufzuführen. Den freundlichen Gebern sprechen wir unseren herzlichsten Dank aus.

I. Bibliothek.

Von Herrn Sigmund Schott in Frankfurt a. M.: Bächtold, Gottfr. Kellers Leben; Albrecht, Lessings Plagiate. Vom Verleger Herrn F. Brandstetter in Leipzig: Seffer, Elementarb. der hebr. Spr.; Franke, Chrestomathie aus römischen Dichtern; Nägelsbach, Übungen des lat. Stils; Herold, Vade mecum für Latein Lernende; Franke. Aufg. z. Übers. ins Griechische. Vom Verfasser Herrn Dr. Wilhelm Jordan in Frankfurt a. M.: Jordan, Homer I. u. II ; Jordan, Nibelunge I. u. II. Von Herrn J. Bär & Cie. (Antiquariat) in Frankfurt a. M.: Dießenbach, Glossarium lat.-germ.; Forcellini-de Vit, Lex. ling. lat.; Kriegk, Geschichte von Frankfurt a. M. Aus dem Nachlaß des Herrn Justizrats M. Getz durch Frau Stadtbaurat Lindley: Lünemann, Lat.-dt. Wb., 6. Auflage; Kraft, Deutsch-lat. Lex.; Passow, Griech.-dt. Wb., 4. Auflage; Caesaris bell. civ. ed. Held; Livii opp. ed. Ernesti; Ciceronis opp. ed. Orelli; Ciceronis oratt. ed. A. Möbius, 2 Bd ; Semestrium ad. M. Tullium Ciceronem lib. II. ed. Keller; Horatii opera ed. Döring; Horatii opp. tom II. ed. Mitscherlich; Lat. Anthologie, zusammengest. v. Zimmermann; Homeri Ilias ed. F. A. Wolf; id., cum hymn. et epigr. (Waisenhaus); Sophoclis Aiax ed. Wunder; Sophoclis Trachiniae ed. Bothe; Sophoclis Electra ed. Wunder; Platonis Phaedon ed. Stallbaum; Herling, Grundregeln d. deutsch. Stils; Heyse. Kl. theor.-prakt. deutsche Grammatik; Mitteilungen des Ver. f. Gesch. in Frankfurt a. M., Band 3—7; Battonis örtl. Beschr. d. St. Frankfurt a. M., 5. u. 6. Heft; Archiv für Frankfurts Gesch., Band 1 u. 4—11; Goldsmith, Abridgement of the History of England; Voyage du jeune Anach. par Chateaubriand. 7 Bde ; La Harpe, Les XII Césars de Suétone, Tome II; Grant, A Grammar of the English Language; Dod, The Parliament Companion of 1852; Sauer, Nouvelle grammaire italienne; Zivardini, Grammaire italienne; Dall'ongaro, L'arte italiana a Parigi; Schillers Werke, 11 Bde.; Homers Odyssee, übers. von Voß. Von Frau Dr. von Brüning aus der Schulbüchersammlung ihrer Söhne: Gebhardt, Nov. Test. graece; Ehlers, Bilder aus dem Leben des Ap. Paulus; Böckh, Erkl. des kl. Katech. Luthers; Zittel. Bibelkunde; Noll, der Zool. Garten, 6 Jahrg ; Andrée-Peschel, phys.-stat. Atl. d. deutsch. Reichs; Flügel, engl.-deutsch. und deutsch-engl. Schulwörterb.; Bulwer Lytton, Pelham; Michaud, hist. de la 1er croisade (Weidm.); Hiltl, Preußische Königsgeschichten; Freytag, der Kronprinz etc.; von Hagen, aus dem Privatl. uns. Kaiserhauses; Moßkowski, Poet. Musikgesch.; Démogeot, hist. de la litt. fr. (Teyßing); Thierry, Histoire d'Attila (Velhagen); Bartsch, Kudrun; Henke, der Nibelungen Not; Goethe's Briefw. mit dem Freih. von Stein; Whitman-Alexander, das kaiserl. Deutschland; Rodenberg, Stillleben auf Sylt; Gnde, Erläut. deutscher Dicht. 2. Reihe; Gressow, 6500 Sprichwörter in mehreren Sprachen; Faesi, Homers Odyssee; Rauchenstein-Fuhr, Reden des Lysias, 1 fasc.; Piderit, Ciceros Brutus; Schneidewin-Nauck, Ödipus auf Kolonos; T. Mommsen, Pind. carmm.;

Sintenis - Fuhr, Plutarchs Vitae, 1 fasc.; Piderit-Adler, Cicero de Oratore; Brix, Plauti Miles gloriosus; Pape-Sengebusch, deutsch - griech. Wörterb.; Gottschick, griech. Leseb. I.; v. Friedenthal, Kriegsdepeschen 1870–71; Souvestre, au coin du feu, 1. Buch; Scholz, Diätetik des Geistes; Wiese, die Macht des Persönl. im Leben; Marx-Engels, das Elend der Philosophie; Jäger, die menschl. Arbeitskraft; Monsch, Neuland; Verne, 20 000 Meilen unterm Meere; Verne, Reise nach dem Mittelp. der Erde; Verne, die Propellerinsel, 1. Bd. Vom Verlage Velhagen & Klasing in Bielefeld: 23 ausgew. Bände der Prosa franç. Von demselben: 11 ausgew. Bände der English auth. Vom Verlage Gebhardt & Wiliach in Leipzig: 24 ausgew. Bände der franz. Schulbibl. Von demselben: 21 ausgew. Bände der engl. Schulbibl. Vom Verlage Gärtner (Heyfelder) in Berlin: 6 ausgew. Bände der Sammlung franz. Schriftsteller. Von demselben: 9 ausgew. Bände der Sammlung engl. Schriftsteller. Vom Verlage Grote in Berlin: Die deutschen Lesebücher von Hopf u. Paulsieck und von Muff. Von den Verfassern: Spieß, Führer durch Frankfurt a. M.; Ziegler-König, das Klima von Frankfurt a. M.; Ebrard, die Stadtbibliothek von Frankfurt a. M.; Kranz, das Lied vom großen Kaiser. Von dem Verlage Pätel in Berlin: Beckers Rheinlied in Kaiser Wilhelms autographierter Abschrift. Vom Königl. Unterrichtsministerium: Marcinowski und Frommel, Bürgertugend. Vom Königl. Provinzialschulkollegium: Lindner, der Krieg gegen Frankreich. Vom Verleger Herrn K. Th. Völcker hier: Wolff-Jung, die Baudenkmäler in Frankfurt a. M. Vom Oberprimaner Karl Roger: Brehms Tierleben, große Ausgabe. Vom Obertertianer W. Braunfels: 2 Bände Neuer deutscher Jugendfreund. Vom Sextaner Alfred Schwab: Medicus, illustriertes Pflanzenbuch. Von Herrn Buchhändler K. Scheller hier: Listmann, Sagenbuch von Frankfurt a. M.; Luttinghaus, unser Vaterland; Kohut, Theodor Körner; Jäger-Hecht, Wanderungen durch das Tierreich aller Zonen; Panorama unter magischer Beleuchtung. Von Herrn Höser (Jäger'sche Buchhandl.) hier: Thiers, Histoire de la revolution française; Lamartine, Histoire des Girondins; Delon, à travers nos campagnes; Martineau, history of England from 1815–1846; Shakespeare's works by Haslitt; Stanley, Through the Dark Continent.

2. Physikalische Sammlung.

Von Herren Hartmann & Braun: ein Kohlrausch-Galvanometer für den Bereich 1 bis 5 Ampere; von Herrn E. Braunschweig: eine Blitzröhre, ein Funkenzieher, 3 Röntgen-Bilder; vom Unterprimaner F. Werner: einige selbstgefertigte Glasphotogramme; vom Unterprimaner de Ridder: selbstgefertigtes Gypsmodell des Kegelstumpfs mit Ergänzungsspitze; vom Obersekundaner Konrad Kayser: selbstgefertigte Zeichnungen der atmosphärischen Dampfmaschine und der Niederdruck-Dampfmaschine.

3. Naturalien-Sammlung.

Zwei Fledermäuse von B. Trier (I₁); eine Puppe von einer Schwalbenschwanzraupe von F. Weiffenbach (V); ein Ochsenschädel von H. Becker (VI); ein Dachsschädel von Sulzbach (VI); verschiedene Schmetterlinge von Schaus (IV); zwei Taschenkrebse von Baunach (VI); Kern der Ölpalme von Ph. Geyer (III₁); verschiedene Vogeleier von Andreae (VI); verschiedene Versteinerungen von H. Geittner (V) und Arthur Emden (VI); verschiedene Mineralien von E. May (V), Gompf (IV), Joidels (IV), H. Krebs (IV), H. Lehmann (IV), K. Färber (IV); verschiedene Muscheln und Schnecken von Jos. Rack (IV), G. Müller (IV), Kessler (VI), O. Lotichius (V), A. Schottlaender (IV); zwei Silbermünzen von Merton (VI).

4. Karten und Anschauungs-Mittel.

Von Gompf (IV) Eisenbahnkarte von Mittel-Europa; von Enders (I₁) ein Plan der Stadt Frankfurt a. M. aus den dreißiger Jahren.

VI. Stiftungen und Unterstützungen von Schülern.

I. Witwen- und Waisenkasse.

Au Geschenken, die der Kasse zugeflossen sind, haben wir mit Dank zu verzeichnen:

Von Herrn Gottlob Reichard M. 20, von Herrn und Frau Carl Funck für Kurt Behrens M. 50, von Herrn Seckel M. 10, von Herrn Wilh. Bernh. Bonn und Frau für Richard Schuster M. 20, von Herrn Johann Georg Rübl M. 10. von Herrn General-Konsul Lenchs-Mack M. 50. von Herrn Adolf Schloß M. 100, von Herrn Hugo Dreyer M. 10, von Herrn Georg Reichold M. 10, von Herrn Georg Seeger M. 20.

2. Unterstützungen von Schülern.

Die Zahl der aus Stiftungen oder durch direkte städtische Freigebigkeit während des Schuljahres 1896—97 unterstützten Schüler ergiebt sich aus folgender Übersicht:

	Zahl der unterstützten Schüler.	Vergebende Stelle.
1. Städtische Freischüler	6	Kuratorium.
2. Beersches Stipendium	3	Evang.-luth. Konsistorium.
3. Königswartersche Stiftung	5	Eigene Administration.
4. Johannisgelder, meist aus dem von Cronstettschen Stift	5	Lehrerkollegium.
5. Jüdisch-Christliche (Frühlsche) Stiftung	1	Verwalter: Herr Rechtsanwalt Adolf Fuld.

VII. Mitteilungen an die Schüler und deren Eltern.

Für die schriftlichen Arbeiten sind folgende Hefte an der Anstalt eingeführt:
1. Für den Schreibunterricht: No. 4 der Normalhefte (VI); No. 5 (V); zu 10 Pf.
2. Für die Übersetzungen und Diktate: No. 5 (VI); No. 6 (I—V); zu 10 Pf.
3. Für die Aufsätze: Hefte größeren Formats zu 18 Pf.
4. Für den Anfangsunterricht des Griechischen in Untersekunda: besonders liniierte Hefte zu 10 Pf.
5. Für Mathematik No. 9 und No. 11 der Normalhefte zu 10 Pf.

Außerdem Präparationshefte (10 Pf.) und Diarien (20 Pf.). Die bezeichneten Hefte sind in allen hiesigen Schreibmaterialien-Läden vorrätig.

Wir erlauben uns, den verehrten Eltern unserer Schüler für die bevorstehende Impfung die Einrichtung, die das Königliche Polizei-Präsidium getroffen hat, zu empfehlen. Die Schüler des Gymnasiums werden in unserer Anstalt nur in Gemeinschaft mit ihren Kameraden und nur durch animalische Lymphe geimpft.

Für den Konfirmandenunterricht wird die Schule die Vorsorge treffen, daß in Obertertia die Stunden von 11—12 Uhr am Montag und Donnerstag frei bleiben oder mit entsprechendem Unterricht belegt werden. Für das sogenannte Gebet kann die Stunde von 11—12 Uhr am Mittwoch nur in Untertertia berücksichtigt werden. Es empfiehlt sich also, daß diejenigen Schüler, die vor dem Konfirmandenunterricht das Gebet besuchen sollen, in Untertertia damit den Anfang machen und in Obertertia den Konfirmandenunterricht zum Abschluß bringen. Die Schüler der Untersekunda, die während des Konfirmandenunterrichts ganz oder teilweise von dem Religionsunterricht der Schule auf Ansuchen der Eltern entbunden werden, können nach einem Erlaß des Herrn Unterrichtsministers bei der Abschlußprüfung von der mündlichen Prüfung in der Religion keinesfalls befreit werden.

Wir erinnern auch in diesem Jahre daran, daß von seiten der Verwaltung der israelitischen Religionsschule in den Räumen des Gymnasiums regelmäßiger Religionsunterricht abgehalten wird, an welchem unsere Schüler unentgeltlich Anteil nehmen können.

4

Die F e r i e n o r d n u n g für das kommende Schuljahr 1897 98 ist festgesetzt wie folgt : 1. Osterferien vom 11. bis 25. April. Der 28. April ist wegen der Aufnahmeprüfung für die Schüler frei. 2. Pfingstferien vom 6. bis 9. Juni einschließlich. 3. Sommerferien vom 4. Juli bis 2. August einschließlich. 4. Herbstferien vom 26. September bis 10. Oktober. Der 11. Oktober ist wegen der Aufnahmeprüfung für die Schüler frei. 5. Weihnachtsferien vom 24. Dezember 1897 bis 6. Januar 1898 einschließlich. Der Unterricht schließt am Mittage des 23. Dezember.

Am Freitag, dem 9. April, wird nachmittags von 3 Uhr ab ein S c h a u t u r n e n abgehalten, zu dem der Besuch der Eltern und der Freunde der Schule willkommen ist.

Zu der bevorstehenden Progressionsfeierlichkeit beehre ich mich die hohen Behörden, alle Freunde des Gymnasiums, insbesondere die hochgeschätzten Eltern unserer Schüler ergebenst einzuladen.

Progressions-Feier

Samstag, den 10. April 1897, morgens 9 Uhr.

1. Chor : Gloria in excelsis deo. v. Stein.
2. Deklamationen :
    1. Paul Ilyk (VI): Le rat de ville et le rat des champs. (La Fontaine.)
    2. Harry Coster (V): Le Loup et l'agneau. (La Fontaine.)
    3. Otto Berlé (IV): Le violon brisé. (Béranger.)
    4. Wilh. Prinz (IIIa): Arion. (Ovid.)
    5. Arthur Marum (IIIb): Philemon und Baucis. (Ovid.)
    6. Paul Herz (IIIa): Diluvium. (Ovid.)
3. Chor : Der Frühling naht mit Brausen, v. F. Mendelssohn.
4. Deutsche Rede des Oberprimaners Fritz Crome: Heinrich der Löwe und Friedrich Barbarossa.
5. Chor : Dir nicht' ich diese Lieder weihen. v Kreutzer.
6. Versetzung und Preisverteilung durch den Direktor.
7. Chor: Wem Gott will rechte Gunst erweisen, v. F. Mendelssohn.

Nach der Feier werden die Zeugnisse in den Klassen verteilt.

Das neue Schuljahr beginnt am Montag dem 26. April um 8 Uhr mit den Aufnahmeprüfungen. Der Unterricht nimmt am Dienstag dem 27. April um 7 Uhr seinen Anfang

Frankfurt a. M., den 24. März 1897.

Karl Reinhardt, Dr

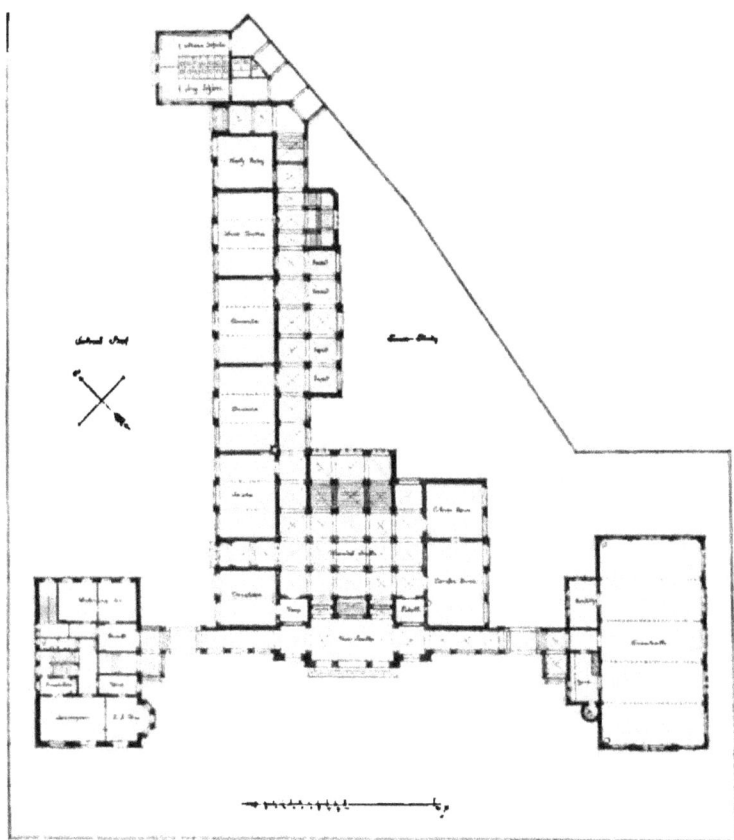

Bridgeo house.

1. Obergeschoss.

2. Obergeschoss.

www.ingramcontent.com/pod-product-compliance
Lightning Source LLC
Chambersburg PA
CBHW021629270326
41931CB00008B/941